楊逸舟（杏庭）先生遺著

張良澤　敬譯

「生下來，受恥辱，而後死去」的
楊逸舟先生，請您安息吧！

鄉晚輩　張良澤　拜於東京
故人三週年忌日靈前

〈二叔公與我〉

楊智能（楊逸舟 孫侄）

昨日二〇二三年七月二十三日受張良澤教授之邀到成功大學台文系的文學講堂參加「台灣文學國家園區協進會」成立大會。隔日張教授傳來一封親筆信，要我趕快寫一篇短文，題目為【二叔公與我】，寄給黃一城醫師。黃醫師要請前衛出版社再版《受難者》，而張教授想趁此讓讀者知道楊逸舟（本名楊杏庭）在台灣還有親屬後代。

本人在此向張良澤教授與黃一城醫師及所有為台灣文學史努力的前輩致上最深的敬意與謝意！讓曾經發生在楊逸舟一生中經歷的台灣史，不會在這股多變的人類歷史洪流中淹沒消失、被遺忘！

從小到大只知道有一個二叔公在日本不能回來台灣，我也不曉得他是否知道有我這個人存在！父親對於二叔公是隻字不提；母親偶爾會說到叔公很會唸書長得很帥，那個年代有許多台灣有錢人家的女兒附好幾牛車的嫁粧要跟他結親都被他拒絕，當年老蔣要給他基隆市長做，他嫌棄且認爲自己至少要幹個教育廳長才行。媽媽說：「如果二叔公好好從基層做起、乖乖聽話，不要得罪老蔣，或許有機會幹到行政院長而不用逃到日本被老蔣追殺，搞得妻離子散！」不過這些都是„千金難買早知道“吧！

後來從一位常去日本探訪二叔公的伯父口中得知，二叔公晚年對於當時拒絕基隆市長和娶台灣老婆這兩件事是有點後悔的。最後他的心中只有一個願望就是將來能葬在台灣的土地上！

小時候老家大廳兩旁牆面掛滿字畫，其中一幅字「修身　齊家　治國　平天下」，落款人張厲生；另一幅「空山不見人　但聞人語響　返景入深林　復照青苔上」，落款人林茂生。某年家族長輩帶回兩本書《受難者》和《二二八民變：台灣與蔣介石》，讀過之後才恍然大悟！

記憶中，老家曾經整理一間房間，說是要讓二叔公回來台灣住，結果迎回的是一罈骨灰，遵其遺願葬於沙鹿示範公墓。

二叔公與我此生未曾相遇，但幸遇張良澤教授爲其翻譯並承前衛出版社的勇氣爲楊逸舟留名於世。也讓我的家族歷史拼圖更趨完整。

【沙上一（逸）舟閒】或許是我對二叔公流亡日本時期心境的註解吧！

——二〇二三年七月二十四日

楊逸舟文庫

目次

勤學有成的青少年時代

1932年高等教員檢定合格紀念（左二、楊杏庭。右二、長兄楊杏川）

立志成為學者的大學時代

1939年3月攝於東京文理科大學（前排右二，務台理作教授。前排左二、高坂正顯教授。後排右二、楊杏庭）

滿懷壯志的青年時代

1939年3月東京文理科大學畢業照

宦途暫得意的中年時代

1942年攝於杭州（背景為西湖之白堤與蘇堤）

旅日苦戰中迎接六十生日

1970年4月攝於東京

憔悴嘔心的晚年時代

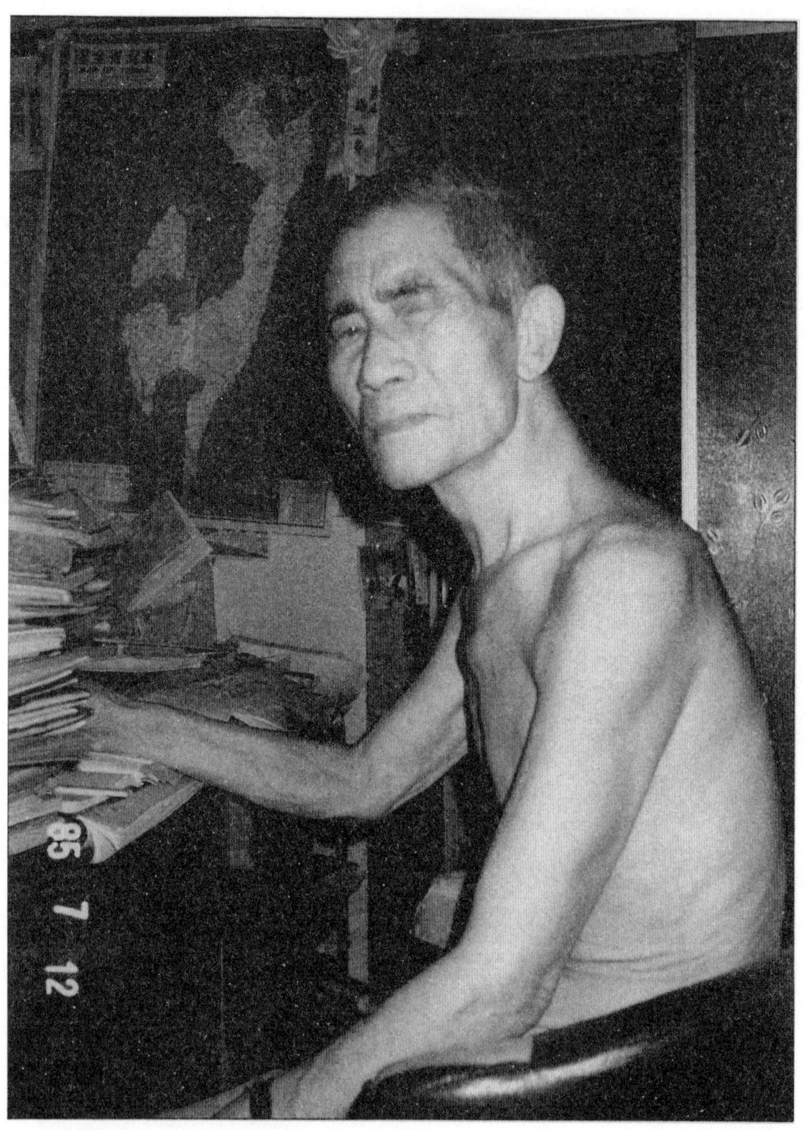

1985年7月12日張良澤敬攝於東京楊宅

楊逸舟先生的著作 1

《台灣民本主義》
1957年夏、東京
台灣民報社發行
廖文毅著（楊逸舟代筆）
（縱18.2cm×橫12.5cm 230P）

《歷史週期法則論》
1961年3月10日
東京、弘文堂發行
（縱21.5cm×橫15cm 497P）

楊逸舟先生的著作 2

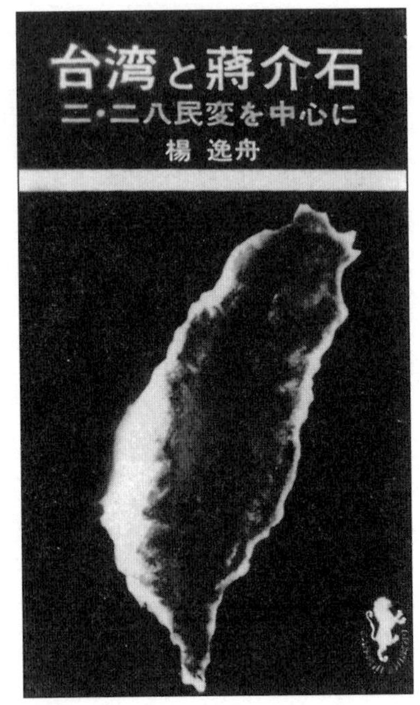

《台灣與蔣介石——以二・二八民變為中心》1970年4月15日
東京、三一書房發行
（縱17.3cm×橫10.7cm 262P）

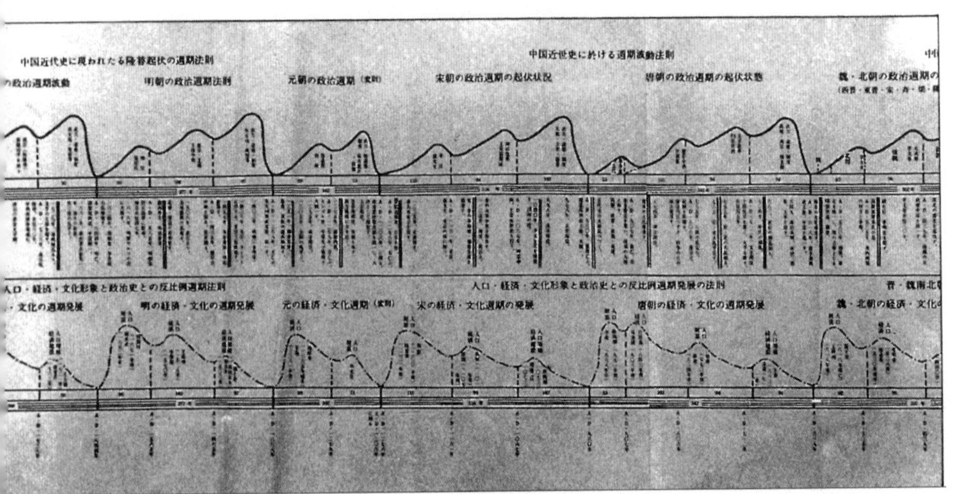

楊逸舟先生的著作 3

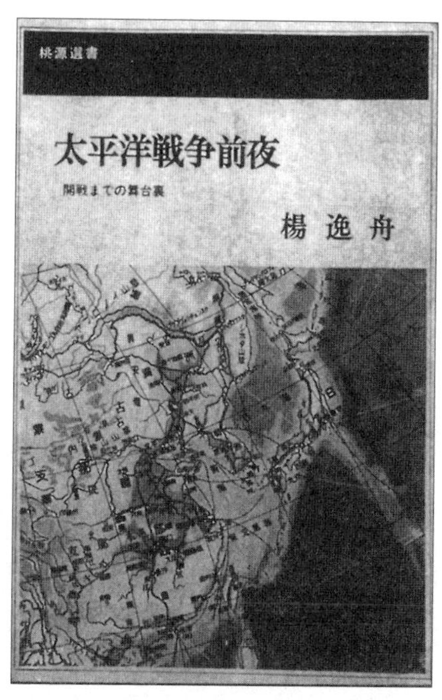

《太平洋戰爭前夜》1970年2月20日、東京、桃源社發行

（縱19cm×橫13cm　263P）

〈附〉《歷史週期表》

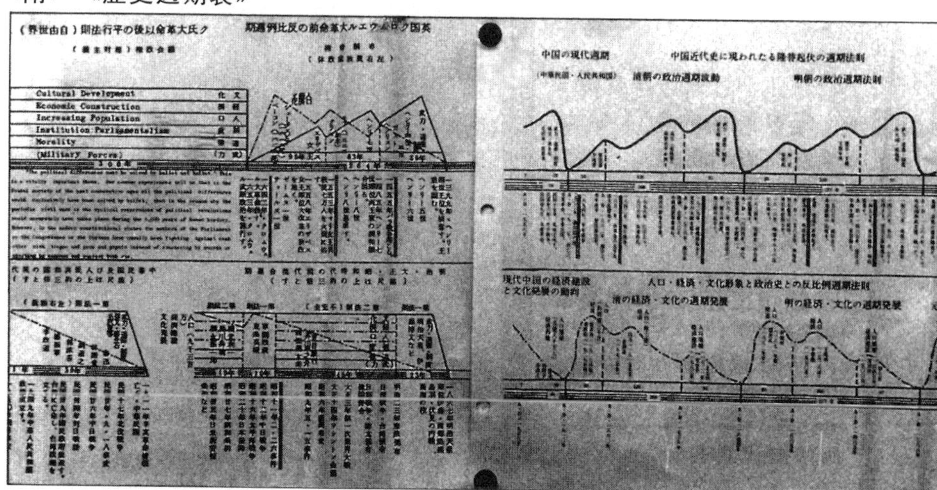

楊逸舟先生的著作 4

《選舉暴動——台灣中壢事件的內幕》1979年7月16日、東京、新泉社發行
林正杰、張富忠原著
楊逸舟譯
(縱18.8cm×橫13cm 305P)

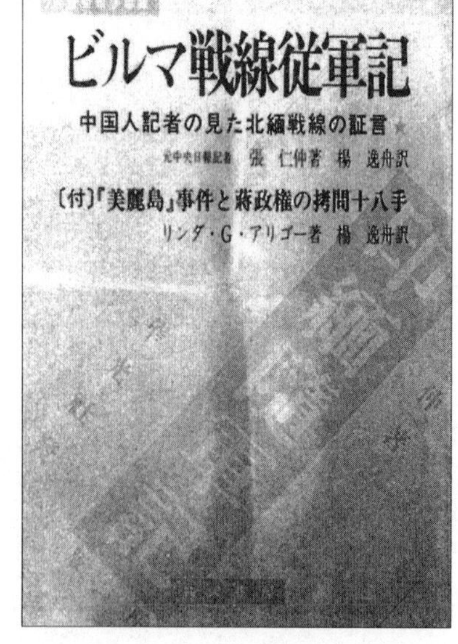

《印緬隨軍記》張仁仲原著
楊逸舟譯
[附]《美麗島事件與蔣政權的拷問十八法》艾琳達原著
1980年11月15日、東京、共榮書房發行
(縱18.8cm×橫13cm 305P)

楊逸舟先生的著作 5

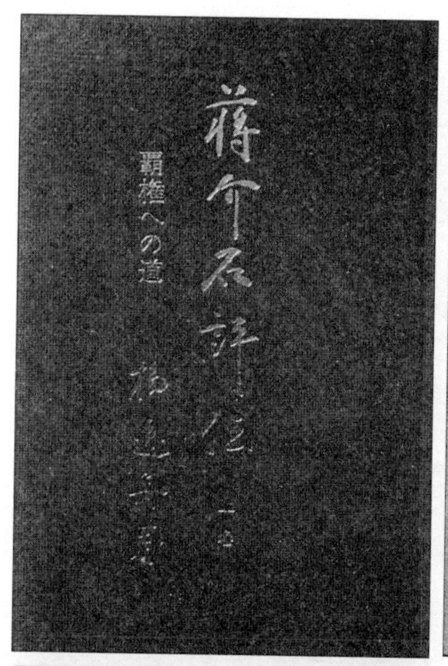

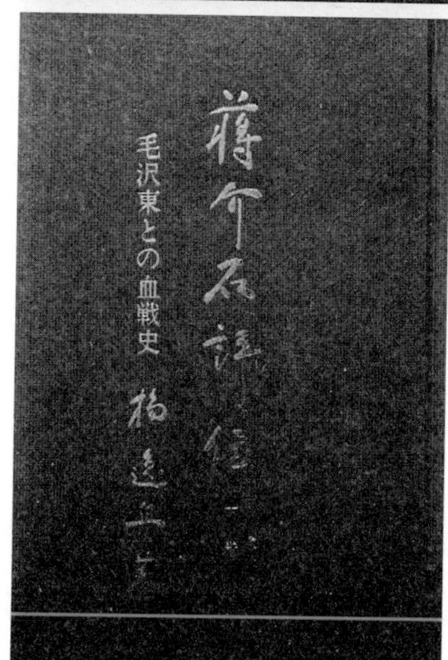

《蔣介石評傳》

上卷:「走向霸權之道」

下卷:「與毛澤東的血戰史」

1983年2月15日、東京、

共榮書房發行

（上卷：縱19.5cm×橫13cm 518P）

（下卷：縱19.5cm×橫13cm 509P）

楊逸舟先生的著作 6

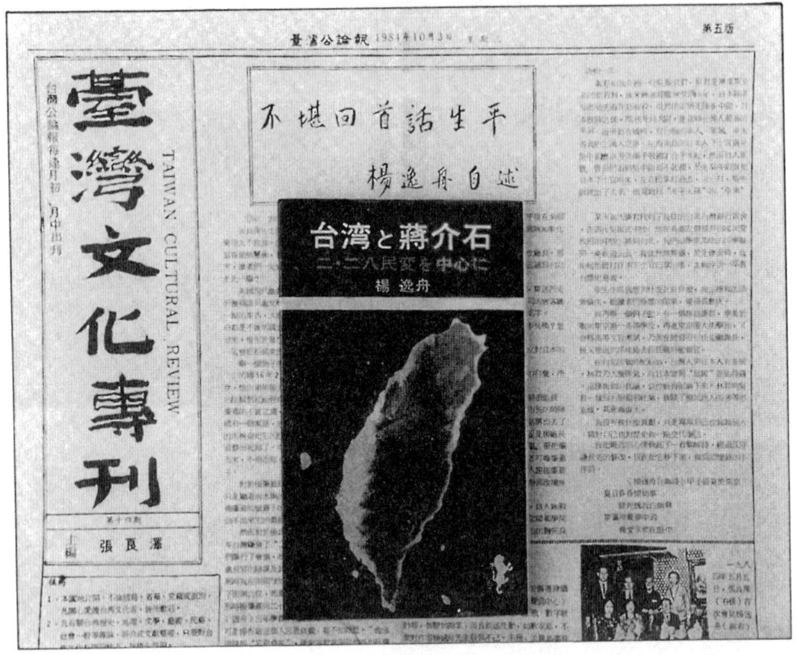

臺灣公論報 1984年10月3日 第五版

臺灣文化專刊

TAIWAN CULTURAL REVIEW

台灣公論報每逢月初、月中出刊

主編 張良澤

不堪回首話生平

楊逸舟自述

台湾と蒋介石

二・二八民変を中心に

楊逸舟

《不堪回首話生平》（剪報）

1984年10月3日、美國、台灣公論報

《台灣文化專刊》 連載五回

同是天涯淪落人的作者與譯者

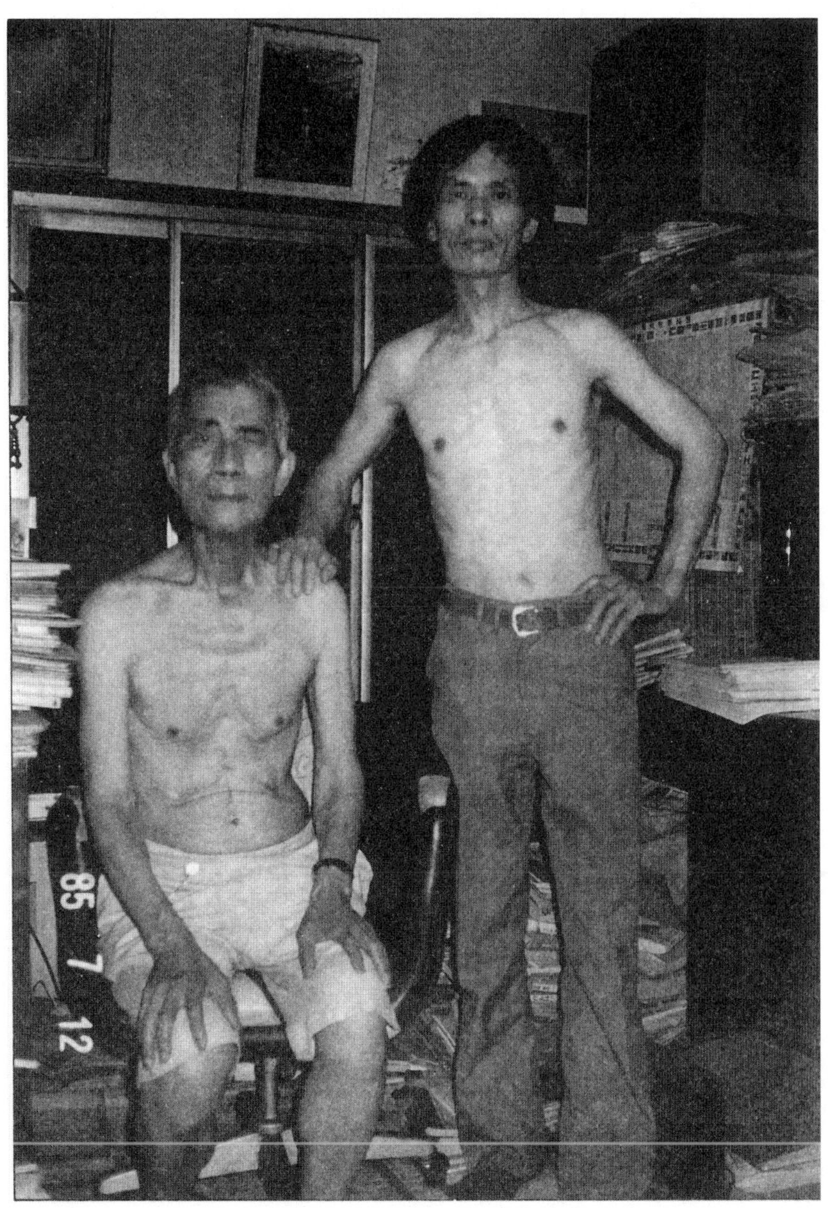

1985年7月12日廖雪美攝於東京楊宅

英文原稿

(7) a German Catholic Father is still living in Nagoya presumably.

The Director of the Nationalist secret service men has concealed themselves behind the scene and commanding those puppets, Taiwanese, Japanese and German, one of the Hitler's apparitions.

According to the New York Times, July 19, 1963, reported that there were 55,0000 secret police in Taiwan. I am not sure how many spys in Japan but it is said to have some 2,000 personel here in Japan. 水山の一角

I resigned from the member of — four years ago, and now have no party affiliation, so the persecution has eased no more during these few years.

Explanation of the Process.

The following quotations are the discussion, confirmation and evaluation about my theory by Dr. Edwin O. Reischauer and Professor John K. Fairbank. Both the professors' joint work, entitled as "East Asia" — The Great Tradition —, which was published in 1958, 1960, by Houghton Mifflin Company, Boston. In 1954, I mailed my researching programs, an outline of my theory some twelve pages and a series of the drawing diagrams to the Harvard University in order to get the admission from the same school. On August 26, 1954, the admission card was issued by the University Authority, nevertheless, owing to the circumstances at that time I could not go to attend that graduate school.

I had met Professor Reischauer in Tokyo before he was appointed as the ambassador to Japan. Prior to

1965年，Explanation of the Process.....

中文筆記

1949年4月24日，上海解放前後……

本書原稿

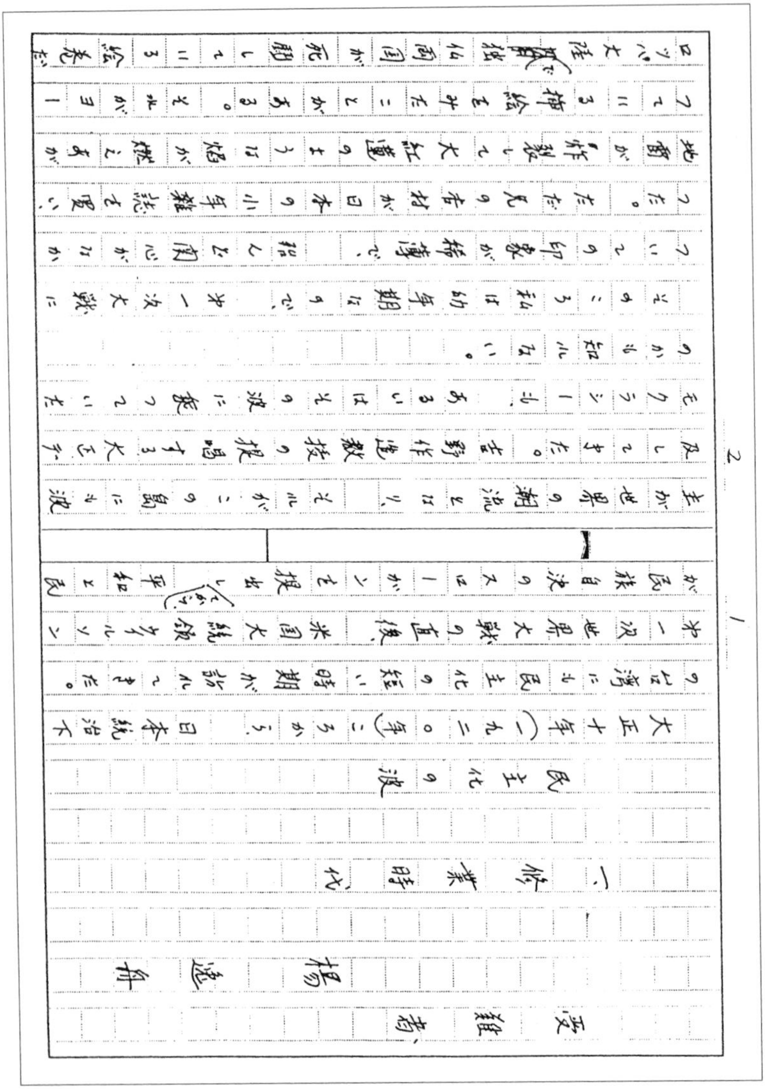

1968年12月12日完稿

記楊逸舟先生

張良澤

1 初識楊逸舟先生

一九七八年底，黨外民主鬥士大結合正要推翻國民黨政權，却因美國宣布將與中國建交而救了國民黨一命之前夕，我悄悄自我放逐到日本。

一九八一年夏日，我在東京舊書店找到一本《台灣與蔣介石—以二二八民變爲中心》，作者爲楊逸舟。觀其內容，舉凡戰後國民黨接收台灣時的倒行逆施，台灣人義勇抗暴而發生的二二八民變，國民黨增援軍的大肆屠殺，鎭壓後的台灣情勢等，前後十年間的台灣史上最重要的一段艱辛過程，鉅細無遺地記載於書中。前此，我雖在台灣讀過吳濁流的《無花果》及吳新榮的《此時此地》，略窺二二八的一端，但都欲言又止，草草帶過而已。如今，我才發現本書是二二八的第一本專著，眞是喜出望外。

不過，作者楊逸舟是何許人？我從未聽說過。怎麼有這種不怕死的人？令人不可思議。從此，「楊逸舟」三字，深烙於我心中。

一九八三年冬，我從筑波去東京，第一次參加「在日台灣同鄉會」的忘年會聚餐，心中怕怕，怕有國民黨人知道我與同鄉會掛鈎。會中，同鄉們知道我在筑波大學任教，但我不知道同鄉們的成員是誰，除了林銀學姊之外。

翌年春，林銀打電話來說有位老同鄉要請我吃飯，詳情他會直接跟我連絡。翌日，那位老同鄉打電話來了。

「喂，是張先生嗎？我是 YOISHU，……」

對方用日語報名，我一時想不起是誰。不過，既然人家好意請客，我就毫不遲疑地答應赴約了。

到京橋中菜舘相會，來客互通姓名，始知是江守謙醫師、黃有仁教授、連根藤博士和已識的林銀。唯今天請客的主人尙未到。我又不好意思問是誰。稍等片刻之後，一位乾瘦的老者笑着走來，頻頻向衆人致歉。

「哦，你是張先生吧。」他雙手合握我的右手，說：「上次同鄉會見到你，知道你是台灣人的寶！所以今天特請你來見見眞正的台灣人！」

他興奮地爲我介紹來客之後，遞給我一張名片。沒有頭銜，只有姓名和地址。「楊逸舟杏庭」！您就是楊逸舟！我差點兒叫了出來。

餐中，我很想多知道主人的事蹟，但他頻頻向我解說：江醫師是虔誠的基督徒，也是書法家；林女士是台灣人的大姊，隨時接濟留日窮學生或旅日窮老人；連博士氣壯山河，撕下國民黨旗；黃教授肝膽照人，機場解救將被押送回台的同志。

楊老先生滿臉皺紋。牙齒似乎沒剩幾根，所以講話時，有點漏風，又會噴口水。看他吃東西時，嘴巴很費力的樣子。有一隻眼睛視力不好，半睜半閉；可是另一隻眼睛炯炯發光。

2 筑波落葉時

一九八四年十一月九日，楊老先生迢迢從東京來筑波看我。

看到我研究室裏滿架的台灣關係書籍，愛不忍釋地一本本翻閱。架上也有他的數本著作，他甚表驚訝，讚許我苦心蒐集台灣資料。

談話中，他從紙袋裏取出一張英文文件，要我簽名。我因看不懂英文，便問他這要幹什麼。他說這是要寄給瑞典皇家學院的文書，只要有三位大學教授推荐，他就可以獲得諾貝爾文學獎。

這使我嚇了一跳！我懷疑自己的耳朵有毛病，可是他卻認眞地說明道：

「我的《歷史週期法則論》得到各國學界的高評，只有日本人和台灣人不知道它的眞價，所以我要替東方人爭口氣。得獎之後，我要把獎金全部獻出來，提供給台灣人做學術研究，你也可以得到一份。……」

我愈聽愈不敢相信自己的耳朵。的確，不久前，他曾寄給我一袋資料，內有「歷史週期法則表」和幾張英文影印文件，似乎是他的史學英文論文。他的二二八著作及其他幾本翻譯，顯然不夠份量；其他還有什麼大著作，我就不知道了。若說憑那幾張法則表和英文論文，就要競爭諾貝爾獎，未免太天眞了。即使那是史學上的偉大創見，怎能算是文學創作呢？據我所知，歷代諾貝爾文學獎得主不是小說家就是詩人，從未聽過有史學家以史學論文得獎的。

我所敬仰的楊逸舟先生難道連這一點常識都沒有嗎？還是我自己孤陋寡聞，除了諾貝爾文學獎之外，還有「諾貝爾史學獎」？但他明明說要爭取「諾貝爾文學獎」的呀。

楊老已把英文文件攤開擺在我的桌上，等我簽名。我一時支支吾吾，不知如何是好？我說我哪有資格推荐呢？他說堂堂國立大學的教授，有足夠的資格。最後，我說我考慮看看，也許拜託本校的史學教授較妥。總算婉轉地唐塞過去了。

走出校園，筑波山吹來的冷風已近初冬。夕暉照著枯枝交集的樹群。我陪楊老走在落葉堆積的草坪上，發出悉悉索索的聲音。

他說沒想到東京教育大學廢止後，筑波大學會成長得這麼快。又說當年他吃盡教育大學的苦頭，被某位教授騙光了錢。

只要看到他滿臉的皺紋和凹陷的雙頰，任何人都可以測知他的不幸際遇；但具體的不幸際遇是什麼？恐怕所知不多。我又不便問他太多，唯恐觸發老人的傷感。只以淡淡的應諾表示同情他被某教授阻擾而未獲博士學位，他的著作被某教授干擾而未獲出版，某國民黨特務破壞了他任教大學的機會等等。

是夜，我留他在我家一宿。滿足地吃了一頓我太太做的客家菜。

我家有一架鋼琴，是女兒的專用品。女兒時年十歲。飯後，楊老擅自掀開鋼琴蓋，我原以爲他只是好奇看看鍵盤像什麼樣子，沒想到他一坐下來，就彈起世界名曲「少女的祈禱」。雙手靈活地來回著，沒有一個音調彈錯，從頭彈到尾。彈完一曲，又一曲。隨著旋律，上身擺動著，時而低頭細聽，時而仰首閉目，自我陶醉於琴韻中。楊老入於忘我之境，我卻驚訝不已。內人面露笑容；女兒卻不知韻味，只怒目瞪我，好像責怪我怎麼帶來一位瘋顛老人亂彈她心愛的鋼琴！

他回去之後，撰了一首詩，請江守謙醫師揮毫，寄來贈我。詩曰：

麗日偷閑遊筑波
菅芒滿野弄秋風
汽車園內盈千輪
驚倒鄉愚田舍翁

時江翁八十三歲，而田舍翁七十五歲，兩翁合計一五八歲，贈四十五歲晚輩的我，洵光耀之極。

3 瘦骨嶙峋苦耕耘

無論同鄉會的大小聚會，都可看到楊老的身影。也許是因爲他一發言就破口大罵「姦伊娘，國民黨土匪」，或發滿腹牢騷，所以同鄉們都對他有點敬而遠之的樣子。可是我儘量敬而近之，雖然幫不了他什麼，但至少做個忠實的聽衆，也是晚輩應盡的孝道。

我知道他孤單一人住在東京郊區，靠寫作維生。同鄉會總幹事林耀南兄和林銀姊常去接濟他的樣子，可是我總不敢面對現實去探望他。

因爲我怕看到自己未來的影子！

廖學妹來筑波大學當研究員後，老是吵著要我帶她去看楊老蝸居。不得已，我首次冒昧闖入禁地。那是一九八五年七月十二日中午的事。

蝸居是陳舊的木造宿舍，一棟二樓宿舍隔成四間，住四個單身漢。楊老住在樓下第一間。屋裏只有一間六疊他他米的房間，玄關的一側是廚房，一側是廁所。據說這是東京都政府的貧民救濟住宅，楊老不但免繳房租，且每月領救濟金若干。

滿屋堆滿書刊，堆到天花板。窗前有一張睡床，牆角有一張桌椅。這雜亂髒臭的屋裏，很不相襯地擠了一架黑鋼琴！

我和廖學妹找不到站的地方，只好坐到床上。天氣炎熱，楊老正赤裸上身伏案寫作，看到女客人來，急忙要找衣服穿，我說不必見外，說著我自己也脫下衣服，相視大笑。廖學妹說兩人都比她苗條好看，特地爲我們拍照紀念。

廖學妹研究日據時期的台灣女性，便嬌聲嬌滴地問楊老一些問題。我去廚房燒水泡茶，看到冰箱裏食物發霉，瓦斯炉下有蟑螂躲藏。我儘量讓一少一老暢談愉快，靜靜觀察屋內陳設，發覺所有東西無論是鋼琴、西裝、書籍，上面都蓋了一層埃塵；只有寫字桌的桌面和坐椅靠背因油汗而光滑。稿紙上有一個圓形放大鏡。牆壁上貼著一張台灣地圖，伏案寫作時，抬起頭來正好可看到地圖。

那張地圖未因他三十多年來的鄉愁而褪色。

4 不堪回首話生平

每個人都有歷史；每個人都是歷史的証人。

尤其像楊老這樣艱苦的人，必有一段艱苦的歷史。如果有一天楊老突然謝世，而沒有把他的經驗傳給後人，這是台灣文化的損失，因爲文化就是前人經驗的累積。所以自從我主編發行於海外的《台灣公論報》的「台灣文化專刊」之後，一再懇求楊老寫回憶錄，片斷回憶也好，由我修改銜接。

「張良澤先生慫恿我寫出回憶錄，但我一想，覺得太不敢當。因爲我回想一輩子，一切都與功名富貴毫無關係，都不値得記錄下來；倘若勉強寫下來，讀者們一定會覺得這種無聊的日常瑣事，何必多此一舉？

蕭伯納於獲得諾貝爾文學獎時，說：『舉凡什麼回憶錄一類的東西，大約九成都是粉飾的。易言之，大部分都是不實的謊言。後生年輕人也許會給作者騙得過來，至於當代同輩人豈能被騙得過去呢？從而一定會紛紛招來反感的駁辭而已。』」

一九八四年十月三日，楊逸舟自述〈不堪回首話生平〉第一篇刊登了。因爲戒於回憶錄「大部分都是不實的謊言」，所以他赤裸裸地吐露了眞言。其緒言中，他做了一首詩——

楊逸舟自壽詩

甲子盛夏於東京

夏日昏昏憶幼事
蹉跎愧我白頭翁
東瀛卅載夢中過
鍾愛家鄉在眼中

每次他寄來的漢文稿〈不堪回首話生平〉，我都要花好多時間去整修。不但字跡不易辨認，而且回憶的程序跳動厲害，時而東、時而西，時而戰前、時而戰後，但每個片斷都是很珍貴的經驗。對作者而言，每個片斷都是痛苦的回憶，每個文字都是千百斤的負荷，所以寫到第五章之後，他便不勝負荷地停筆了。我也不忍心再催逼他，連載便告中斷了。

5 悲憤辭世

一九八七年三月中旬，楊逸舟先生因咳嗽不止而入東京都立松澤病院。

這時期正好我離開筑波大學，處於半失業狀態，每天爲養活一家五口而到處奔跑兼差。心裏雖很掛念他，但每次聽林耀南兄報告他的病情無大碍，便很安心。

可是到了五月底，他的病情突然惡化，耀南兄即刻通知他已離異而移住美國的前妻。據悉楊老來日後自顧不暇，其妻（南京人）一手扶養三個女兒；離婚後全家移居美國，女兒各個都取得博士學位，且已結婚成家。其中二女兒較念舊情，偶而會滙款給她老爸。另有楊老親弟弟，早已歸化日籍，在大阪一帶頗有事業成就，但我從未聽過楊老提起他的弟弟和家屬，使我以爲他孤零零一個活於異國。

二女兒 Angela Yang 得悉老爸病危，便請假專程趕來探望。父女數十年未見面，滄桑變化一言難盡，兩人見面，只是相擁大哭。天倫之樂，瞬即一週，女兒非返美上班不可，便於六月三日匆匆揮淚而別。

女兒走後第二天——一九八七年六月四日正午十二時三十分，楊老安祥永眠於東京松澤病院。享年七十八歲。

六月五日，即於該病院附設之靈場舉行火化，遺骨由親戚帶回台灣。楊老終於回到自己的故鄉了。

耀南兄負責善後處理。貧民宿舍必須限期清理乾淨歸還東京都政府。耀南兄把鋼琴賣掉以貼醫院費用之外，其他所有遺物皆無法變賣成錢，而要當垃圾處理又覺可惜。正當耀南兄苦慮之際，我提議把故人全部遺物送我，同鄉會也即刻同意了。

耀南兄開了他的中型貨車，我邀了徒弟黃英哲君及正來東大進修的高金郎兄幫忙，四人花了半天工夫，把房子清理乾淨。除了破桌椅、破床、爛冰箱等傢俱以及內衣褲等穢物當垃圾處理之外，全部運回我租於笹塚的蝸居來。

我的蝸居比楊老的蝸居還小，故把衣物類留下來我自己穿，把棉被類留下來供來宿的客人使用；其他書籍類裝成二十大箱，寄存於住友銀行的倉庫。

當我在裝箱之際，無意中發現了楊老的銀行存摺和印章一顆。查看存款金額，只剩日幣一千圓！這是楊老一生所有的錢財，剛好夠吃一碗牛肉麵而已！

遺產應由家族繼承，所以我請耀南兄把這本存摺和印章寄給他的二女兒。

6 故人遺物

多年來，我的三百箱書籍一直寄存於防火、防災的銀行倉庫，每月所繳費用高出於我一家五口的房租，加上楊老的二十箱，已不勝負擔了。

於是我忍痛向銀行貸款三千萬圓，在偏遠的茨城縣鄉下蓋了一座夢想一生的書庫。一九八九年九月一日，正是我五十歲的生日，悄悄落成了。於是把我流落於四處的藏書全部集中管理。每遇假日，我就乘坐四小時的電車和公車，回到書庫，一個人慢慢整理，慢慢享受，每開一箱書籍就有一箱的喜悅。可是開楊老的書箱時，除了喜悅之外，還有欲哭的感覺。

在有限的空間內，我特設了「楊逸舟文庫」的專架。一邊仔細檢點分類，一邊上架。一本筆記一張紙條，都是故人心血，彷彿楊老在對我講話。

故人遺物大致分類如下：

一、書籍類

以歷史書最多，其餘如政治、經濟、文學、哲學，乃至環境保護之類，無所不包。日文、中文、英文、德文書刊種類繁多。我買書是爲了「珍藏」，楊老買書是爲了「讀破」。每本書都被他圈點得密密麻麻。他與我同樣是師範學校畢業的，我對洋文一竅不通，他却擅長英、德文，光這一點就足夠令我佩服得五體投地了。書籍、雜誌計約二千冊。其中有一本《歷史週期法則論》（弘文堂），是他變賣家財而千方百計出版的嘔心之著，印刷精美。我首次看到，想起他一輩子只爲了一個夢。

二、原稿類

楊老畢生著作除已出版的單行本八卷，和發表於雜誌的單篇論文約四十篇之外，未發表的原稿估計約有五千張稿紙以上。想起未認識楊老之前，有一次我去美國史坦佛大學造訪張富美教授。她身任世界聞名的東亞資料豐富的該校胡佛圖書館副館長，特准我進珍藏庫翻閱，發現有「楊杏庭」所寫的四十張原稿，用台灣銀行專用稿紙寫了〈台灣青年白皮書〉。我看該館用厚卷宗精裝這四十張稿紙，便如獲至寶，影印帶回日本珍藏起來。做夢也沒想到我現在收藏的原稿有百倍於胡佛圖書館，張副館長看到了，必羨慕至極。

三、日記、筆記、相片、書信類

楊老每日行事、讀書心得，都有詳細記載，共約三十年間的交友與遊蹤，都留下記錄。他對來往信件非常珍惜，一張明信片、一個信封都保存下來。在十幾捆的信件中，發現以前我寄書刊給他的空信封，都被他保存下來，令人既感激又覺他與我有相通之處。

四、錄音帶

我與楊老同愛音樂，但我愛唱歌而他愛彈琴。一直陪伴他終老的鋼琴被賣掉了，可是唱片與錄音帶我都替他保管下來了。近一百捲的錄音帶都是NHK播放的世界名典，可以想見在他思鄉思親、焦心苦慮的三十多年孤獨生活中，唯一能安慰他的可能只有音樂了。

此外尚有二十巨冊報紙剪貼簿。以前我曾決心要把日本各大報有關台灣的報導剪集起來，但做不到一年就半途而廢了。如今，却發現楊老有恒心地剪集了二十多年，不但按日貼起來，且重要新聞都加眉批。

可惜我的書庫太窄了，實在擠不下這二十巨冊剪貼簿。原想把它寄給張富美，但一來郵費太貴，二來這些大報都有縮影本，剪報不易保存，所以我痛下決心要把它焚化。

十數年前，《吳濁流作品集》出版時，我邀了鍾肇政、鄭清文、李喬、黃文相諸友，一同到吳老的新墳前，向吳老報告他的畢生心血已由遠景出版社出版了。上香之後，我把第一套拿到手的六卷作品集點火焚化。油印未乾的書頁在火中，一頁頁曲捲、燃燒，化成灰而飄起，飄散於五人沉默的曠野中。

如今，我焚化楊老的心血剪貼簿。異國的荒野中，我獨自一人半蹲半跪，把巨冊拆毀，投入熊熊烈火中。火煙燻得我睜不開眼睛。

7 關於本書

爲了整理楊老龐大的遺稿，我前後動員了鄭天送、林俊宏、杜淑敏、李建祥諸友來折疊。

鄭老兄邊折疊邊嘖嘖讚道：「知遇張兄，楊老死而無憾矣。」林老弟慨然嘆曰：「張師數十年來，救了不少台灣文化遺產，敬佩敬佩。」我笑而不語，心中百感交集。

一九九〇年五月，書庫大致整理就緒。獨坐書房，首先要做的工作便是要讓楊逸舟復活於台灣人心中。

要發揚他的歷史哲學，我的功力不夠；要評介他的貢獻，需待我讀完他的全部著作；要翻譯他的長篇小說，恐無法迎合現代人的喜好。正好他的遺稿中，有一部完整的日文自傳《受難者》，我自己需要了解他更多，也希望更多的台灣人能認識他，於是我決定先把此稿翻譯出版。當年我向他邀稿〈不堪回首話生平〉時，他爲什麼不拿出此稿？是忘了還是不願舊話重提？

此書原稿完稿於一九六八年十二月十二日，正是作者近六十歲時。六十年滄桑史，寫成日文十七萬五千字。由後記中知悉此稿原想透過竹內好教授而出版的，可是後來沒出書，可能是出版社怕得罪日本學界吧。我邊翻譯邊與楊老共呼吸，然後漸入他的生命內面，以他的喜悲爲喜悲，以他的感覺爲感覺。可是，我無法以他的思想爲思想，畢竟我與他有三十年的代溝。

你要說他自大狂也好，投機分子也好，被害幻想症也好；倘若我處在他那個時代，我不知能比他強多少？

楊杏庭——楊逸舟——一個力爭上游的台灣知識人，在日本帝國與中華帝國的縫隙間，被扭曲得滿懷悲憤。我豈忍心再批判他的思想云何哉？

原稿各章重複部分或枝節過繁而有脫線的文章，我略加以剪修。第七章「U前校長的大狐狸」，涉嫌人身攻擊，我只抽出相關事項，合併爲「後記」。故本書既非句句照譯的「翻譯」，也非摘要譯出的「節譯」，而是一本虔敬之心，聆聽並傳達作者的心語，是謂「敬譯」。讀者諒之。

8 尾聲

我這輩子走過不少前輩們的心路歷程：

吳濁流	一九〇〇—一九七六	76歲
楊　逵	一九〇五—一九八五	80歲
吳新榮	一九〇七—一九六七	60歲
王詩琅	一九〇八—一九八四	76歲
張文環	一九〇九—一九七八	69歲
鍾理和	一九一五—一九六〇	45歲

如今又增加了一人：

楊逸舟　一九〇九—一九八七　78歲

台灣文化的路程，就是這樣一個接一個地走下去。

——記於一九九〇年六月四日故人三週年忌日
于共立女子大學國際文化學部研究室
張良澤　陽壽51歲
（楊逸舟　陰壽81歲）

受難者

楊逸舟　遺稿
張良澤　敬譯

第一章 修業時代

一、民主浪潮

大正十年（一九二〇）左右開始，在日本帝國統治下的台灣，也降臨了短暫的民主化時期。自從第一次世界大戰後，美國總統威爾遜提出民族自決的口號之後，和平與民主成了世界的潮流，逐漸波及台灣島。吉野作造教授所提倡的大正德莫克拉西（民主主義）也可能是受其影響。

那時候正是我的幼年時期。對第一次世界大戰的印象甚爲淡薄，幾乎不關心。只是家兄杏村買來的日本少年雜誌，內有一幅挿圖描繪地雷爆炸冒起大紅蓮似的火焰。家兄說明那是歐洲大陸德、法兩國死鬥的場面。小小年紀的我，僅僅記得這件事而已。

大正末期，田健次郎赴台任文官總督，結束了乃木大將、兒玉大將以來陸海軍人統治的前半期二十五年的武人政治。聽說田的祖先是從中國大陸移民到日本而歸化日本的。所以他認爲台灣人只要同化於日本大和民族，就可享受萬民平等的權利，得到與日本內地人同樣的機會均等的待遇。因此田總督的革新政策是內台融和、內地延長主義、平等主義、同化主義等。結果日本統治台灣的後半期，台灣人對日本的武裝反抗的現象絕跡了。但是，昭和五年（一九三〇）秋季，霧社山地民族爆發了武裝抗暴事件；那也僅止於一部族而已，並未波及平地民族。

少年時期的我，當然對那時的時代背景毫無意識。只是在和平的土地上，身心都健全的成長而已。我生於靠近海濱的梧棲街，是與對岸的廈門對峙的鄉村小鎭。後來梧棲街在太平洋戰爭期間，被建設成東洋最大規模的人工港口，名稱也改爲台中港。但僅完成85%，日本就投降了。日本海軍的南進政策的結晶是台中港的建設，呈現出橫濱港與神戶港合起來的雄偉人工港的輪廓。

然而，我童年時代的梧棲港眞是荒涼的小漁村。海淺多沙，偶而從對岸的中國駛來三、五艘帆船，擱置在港口外，算是很難得了。日本郵輪或大阪商船的兩根煙筒的大輪船開往歐洲航路之際，時而通過台灣海峽。這時候，兒童們站在校園裏，遙望冒著黑煙的巨輪浮在遠海上，看得發呆，也看得激起滿懷的好奇心。

大正末期，我們的海岸地方舖設了一條鐵路。這是與通過很多山洞的山線並行的海岸線。

縱行台灣南北的快車大部分都通行海岸線。但它沿大肚連丘的山麓而走，我們學校距清水車站有五、六公里路程。

放學後，有時我帶著弟弟，有時我一個人跑到清水車站去看火車。令人驚異的是火車頭，尤其是那直徑一公尺半的大鐵輪發動的力量，令人驚心動魄。開動時，推動桿的前端噴出白色的蒸汽，徐徐轉動車輪。推動桿愈來愈快，白色蒸汽愈來愈少，全黑的鋼鐵巨體終於猛然突進。儼然旁若無人的大怪物，吸引了幼小心靈的我。

火夫掀開炭爐的蓋子，朝著燃起紅火的爐肚內，送進更多的煤炭，煙囪就猛烈冒出黑煙來。汽笛鳴叫時，也會冒出白煙，但隨即消失。那剎那，眞令人銷魂。

火車頭拖著十數輛車廂，勇猛地疾馳而過，那剎那，令人興奮。目送著火車的背影消失於地平線上，我才寂寞地、悵然地離去。

年紀稍長，我才發覺童年時代對火車頭的迷戀，是我崇拜英雄的徵兆。但後來我對拿破崙、希特勒、史達林、東條英機、蔣介石、毛澤東等英雄人物，不但不感覺魅力，反而感到厭惡。倒是對學者與詩人，如同對火車頭一般的懷著敬畏與魅惑。

戰後中國兵初來台灣，第一次看到火車，就坐在路旁田畦，一整天看火車看不厭，這與我的童年期是一樣的。無怪第一次坐上火車的中國百姓，都會被這怪異的龐然大物嚇得大聲呼叫。

直到我上中學爲止，幾乎整天都在思慕火車和火車頭。甚至做夢也夢見它從我身旁急馳而過的英姿。我跑步時，必定兩手模仿推動桿擺動圓弧狀，嘴巴尖突模仿煙囪吐出黑煙或鳴叫汽笛聲。小小的我立志長大以後，要做火車司機。

二、差別待遇

大正末期，日台平等的政策下，首先在台灣實施義務教育。同時也立了日本人子弟與台灣人子弟平等教育的方針。這是殖民地統治史的一大英明措施，與歐美列強對非洲黑人或印度及東南亞諸國所實施的差別性的殖民主義大爲不同，這可說是日本獨創的制度，當然受到台灣人的熱烈歡迎。

台灣兒童的母語不是日本語，所以小學一、二、三年爲止，使用台灣總督府編纂的教科書，學校名稱也改稱公學校。但四年級以後的算數、理科、修身等教科書便與日本人的小學校完全一樣，使用文部省檢定的教科書。這名稱與教育措施的差異，與其說是差別待遇，不如說是因應實情的區別而已。

我於小學畢業後考上當時新創設的台中師範學校。前五年是與普通中學（五年制）一樣的課程，後一年才專攻教育學、心理學、教材教法等專業科目。其間一學期必須在附屬小學實習實際的教育法，這時期的身分是「教生」。

大約同時期，台北高校也設立了，成爲台北帝大的預科學校。台北高校與台中師範的建設費相同，各約一百數十萬圓。當時州立中學的建設費不過十數萬圓，而師範學校卻花了十倍以上，原因何在？少年時期的我們，心地單純，只是一心一意地用功讀書，對於當局的遠大計劃從未想過。其後，師範教育延長爲七年；到了終戰前，延長爲八年，可得中學教員的資格，名稱也加稱「預科一年」、「預科二年」，具有大學本科的入學考試資格。

三樓建築的富麗堂皇的校舍，紅磚白壁相輝映。從校門正面望過來，四周植有杉木、椰子樹的校園漾溢著南國情趣。

長達一百公尺以上的學生宿舍有五、六棟。每棟宿舍前的花園百花繚亂。從寢室或自修室的窗口，隨時都可欣賞窗外的花草。台北高校的庭園也沒有這種風光。

此外，還有歐洲中世紀式的大禮堂、寬濶的大食堂、白木板造的音樂教室、清幽的游泳池及全島最高標準的運動場。昭和初年，來到本校任教的日本教師，都被此華奢的建築與高貴的設備嚇得目瞪口呆。驚嘆日本國內也沒有這麼美麗的校園。

我入學那年，正值皇太子（後來的昭和天皇）首次行幸台灣。四月仲春，台灣櫻花已綻新綠，大家提燈遊行，迎接駕臨。「奉迎歌」唱道：

新綠薰香春四月

歡天喜地九重天

無論學童或大人，直到黃昏，手持火把或燈籠在秧苗種後的田間小路來回穿梭，真是一片和平安祥的田園風景。

好不容易才等到入學典禮——四月二十九日，皇太子誕辰，大岩校長獲得皇太子恩賜兩個日本饅頭，以此爲種，再做了二百多個饅頭，入學典禮時分給每個新生兩個，企圖在少年心中灌輸忠誠皇國的教育。

我們第一期入學生共錄取一百名，其中台灣人八十名，日本人二十名。這二十名日本學生都生於台灣，所以從小就適應台灣的風土氣候。但當時居住台灣的日本人約有十五萬人，爲了繼續保護他們的特權，便有人倡議義務教育尚早論，認爲台灣人不易被同化。他們向總督府施加壓力，遂於翌年改變成反動的保守政策。從此，每年只錄取一班五十名的師範生，其中日本人佔三十七、八名，而台灣人減爲十二、三名。

台灣人口此時約有三百八十萬左右，台灣子弟報考師範，少則三、四十倍，多則七、八十倍，可謂極端困難。

「就人口比例而言，八十名對二十名，日本學生已佔盡便宜了。現在變得更不公平了。」從父親口中聽到人口比率時，我第一次感到憤怒不平。

數年之後，又增設二部制，在日本內地招收中學五年畢業生，做爲移民轉入中師就讀，享受全部公費待遇。在台日本學生每人每日補助金爲十圓，台灣學生則六圓。殖民地人民繳納的血稅所建造的富麗校舍，幾乎全都變成日本人的教育設施了。而且畢業之後，台灣人教員的薪水爲五十圓，日本人則加俸六成。而校長、教務主任等職位，台灣人是永無機會的。

儘管日本人處處動手腳要表現他們的優越性，但在台灣學生面前破綻百出。台灣學生都是衝破重重難關而考進來的，所以班上第一名到第十名的優等生大抵都被台灣學生佔領。因此儘管當局宣傳大和民族的優越性，但日本學生的成績都是中等生或劣等生，所以台灣學生是不會相信的。

另外如台北帝大，終戰前的在籍學生約五百名，其中台灣學生不過十名左右。帝大生每月由總督府發給官費每人百圓。因此畢業於中學或高校的台灣學生不得已留學日本內地，花費昂貴的學費與生活費，然後畢業就失業了。這些高等知識分子的失業者，五十年間共約五、六萬人。因此，台灣人的上層階級漸漸淪落爲中層階級，而中產階級漸漸淪爲無產階級。直到終戰前，台灣的土地包括公有地和私有地，約七〇%被三十九萬的日本人所佔有，剩下的三〇%，給六百三十萬台灣人去耕作與居住。

三、奴隷教育

過去的陸軍士官學校培育了杉山元或東條英機等陸軍軍閥，導致日本敗亡的悲運。同樣，過去的師範教育也腐蝕了日本人的心與魂，把日本民族的精神世界破壞無遺。心靈一旦被毒化，要洗淨其毒素，必須花費更長時間。

海軍系統的學校還比較自由，與陸軍的好戰教育相對的，培育了山本五十六、米內光政、井上成美等反戰和平的星將。又，戰前的帝國大學教育也培植了不少反戰和平主義者與民主主義者。相反的，師範教育固執於忠君愛國之旨趣，反而教育出自私自利者與偽善家。徹底的法西斯教育下培養出來的人物，對長上與強者則畢恭畢敬，對下級與弱者則以權力重壓。如此虛偽的雙重性格，恰如宮廷內的下女一般。

我在中師六年的寄宿生活中，親身體驗了這種人物的製造過程。宿舍的紀律太過嚴厲，只有歪扭人性的效果。少年們過完暑假回到學校來，就會躲在宿舍內偷偷哭泣。晚飯後，在運動場散步，眺望大肚丘陵的晚霞，便不禁掉下思鄉之淚。五彩繽紛的夕空暮色，最易勾起少年們的感傷。

師範生大抵都是窮家子弟，但偶而也有大地主或富豪的子弟考進來。這些紈袴子弟過慣放恣的生活，所以一旦返校，就如同進監牢受刑一樣。

學校的圍牆與監牢的圍牆同樣是紅磚高砌起來，因此有人抨擊師範學校是囚人教育所。

昭和三年秋，到任不久的體育教師小岩兼任舍監。早上六點半的晨點，小岩在升旗台上像流氓法西斯者大聲怒叱道：

「一再警告你們拖鞋要擺好，但始終沒遵照。昨夜我巡視各寢室，還有十數人的拖鞋散亂在門口外邊。這一定是本島生不受教！你們本島生爲什麼老是教不來？就是因爲都是清國奴啦！支那劣根性已經腐臭到無可救藥了！老師對這種劣根性一定要徹底矯正，你們要有覺悟！」

一聽到這刺耳的「清國奴」字眼，幾百隻注視著小岩的本島生的眼睛，便不約而同地俯首注視著地面。如同青天霹靂衝擊而來的屈辱感，重重地壓在少年們心頭上，小岩必也感觸得到。完全無可奈何而不透明的瞬間，像漫長歲月逼塞在我們面前。

平日，師長們對我們訓誨道：「你們本島人能當日本人，實在幸運和光榮。」聽得耳朵都起繭包了，所以一提及「我國」，我們就直覺那是指日本，而從未意識到支那（中國）。可是現在卻突然斥罵我們是支那人、清國奴，真令我們的觀念陷於錯亂。

散會之後，本島生各個意氣沮喪，沈默地走向自修室。可是心中怒火燃燒，空氣凝成一觸即發的無風狀態。

胡振文當了五年半的正副級長，所謂品行端正、文武兩全的模範生。我與他同一間自修室，他兼室長。我走過去，坐在他旁邊的藤椅上，數十名低年級的本島生竟也圍過來。我和他商議對策之際，內地生緊急通報小岩。不久小岩大搖大擺走進來，把我和胡叫去舍監室。

出乎意外，小岩的口氣竟然變得像貓叫似的溫和。大概看到窗外一大群的學生慢慢圍上來的緣故吧。

我直言道：「小岩先生剛才所講的話，是非常嚴重的失言。」

聽我講完之後，小岩再徵求胡級長的意見。胡級長大我兩歲，具有深謀遠慮的長者之風，平時只覺他膽量不夠，可是現在他卻變得舌鋒銳利無比地道：

「舍監先生的晨點訓話，甚不穩當。我們都認爲自己是了不起的日本人。既不是支那人，也不是淸國奴。只爲了那一點小過錯，就罵我們是淸國奴劣根性。做爲師長，口不擇言，恐會惹起大問題來吧。」

小岩的狗眼透過銀框的眼鏡，狡猾地睥睨著我們，說道：

「沒想到台灣的知識水準已經提到這麼高，現已不是淸國奴的時代了。我因爲到任不到半年，認識不夠……」

「當局每天都在灌輸我們內台融和、無差別的教育方針，而且內台共校（內地生與本島生同校讀書）已實施五年多了，內地生與台灣生已融洽無芥蒂了。而今小岩先生竟反其道而行，未免太不謹愼了。」

胡振文趁勢追擊，逼得小岩臉色一陣靑一陣白。

「嘛、嘛、你倆是高年級生，甚懂事，請你倆回去傳達低年級學生，不要鬧事。」

當我和胡回到自修室時，嚇了一跳。幾百名低年級學生蝟集在草地上，有的圍坐在花壇的石階上，大家正在商議全面罷課的事。

四、偉大教育家——三木英太郎先生

聽到急報，即刻趕來學校的是教育學的教師兼附屬公學校的主事三木英太郎先生。他巨大的軀體連滾帶爬地跑過田畦，喘不過氣來地衝進舍監室。像猛虎撲羊似地兩手抓起小岩的文官服的胸領，用力地搖撼道：

「小岩！你怎麼搞的？我們平日苦心慘澹所建立起來的教育成果，一下子都被你打破了。你何等輕率又愚魯……。現在我就跟你決鬥，錯手刺死我也無所謂！」

三木先生充血的怒目，幾乎要把小岩吞食下去。小岩蒼白著臉，全身縮成一團不敢動彈。在上司高官面前卑躬俯首的劣根性，小岩於衆多學生面前已威信掃地了。

獅子吼的三木先生的崇高姿影映在少年們的眼中，大家不禁感動而掉淚。

三木先生勸大家息事，大家便敬禮而自動解散了。三木先生從未在學生面前自誇文學士或自負高深學問，也從未見他盛氣凌人地訓戒學生，但學生自然就敬愛他。

提倡教育愛的三木先生經常在附屬公學校裏和兒童們玩得天昏地暗，甚至把小孩舉在肩上，其樂無比。有時小孩子看他好欺負，就叫他蒙住眼睛當鬼，害得笨重身軀的三木先生常常碰到水龍頭而翻倒在地。小孩子們就樂得昏頭昏腦。

這次騷動，我認爲叫小岩向學生道歉，禁足在家兩星期就該收場了。不料群衆心理眞奇妙，得寸進尺，竟決議要求學校把他革職。

罷課無限期延長下去，校方堅持我最初的提案，雙方僵持不下。這使同情本島生而懲罰小岩的三木先生的立場陷於險惡之境。他受到校長的嚴重警告。

「三木不是舍監長，不該介入小岩事件。太多管閒事了，徒令本島生高傲，使糾紛擴大而已。」

教師們不敢仗義執言，只有無民族偏見的音樂教師磯江先生與國文教師辻權次郎先生兩人拒絕出席教員會議，作無言的抗議。

職位受到威脅的小岩，放出空氣，說要用日本刀斬殺首謀者三人；並唆使劍道高手的內地生暗藏日本刀，暗算首謀同學。四、五年來寢食與共的本島生與內地生之間，突然變得險惡的對立感情。

學校方面企圖用種種權威來鎮壓，但本島生也不退讓，繼續罷課示威。

因爲罷課太久，預定明年畢業的三班恐怕無法完成課業，所以新任舍監長段證先生叫胡君、吳君和我三人做最後的談判。

談到深夜十一時，突然操場傳來吵架聲。原來兩陣營的學生一言不和而打起來，寢室內的學生紛紛拿著球棒、鎌刀、面盆等，衝向運動場，只見數十個黑影追來追去，忽隱忽現。我因連夜被日本刀威脅得睡不著覺，此時嚇得拔腿就跑，衝進廁所裏躲起來。胡君也提著球棒跑進來躲藏。

「馬鹿野郎！狗畜牲！非懲罰你們不可！」

「清國奴！驕傲什麼，把你們殺個精光！」

兩陣營對峙，揮舞著刀劍，殺氣騰騰。段證舍監長大聲吼道：

「不許打鬥！不聽命令的話，我就在此切腹！」

悲壯的吼聲，終使兩陣營的少年們漸漸軟化，代之而起的是哭泣聲。我已拿起掃箒，沾了大便，準備對付日本刀，但看來戰爭已停息，胡君便笑我說：

「你打糞便戰爭不成？」

這場鬥爭的結果，小岩被調到清一色內地生的台北一中，暫時保住他的面子，但半年後他就被迫回去內地。

堅持平等與正義的三木英太郎先生，更受到學生們的敬愛。但卻遭到同事們的嫉視與中傷。以他的學歷，照理可以榮昇校長；但數年之後，卻被免職了。

臨別時，少年們都到車站去送行。巨人的影像永遠投映在少們的心中。

聽說三木先生退隱於東京吉祥寺之後，專心於著作。以後畢業生有去東京的，必定會去拜訪他，感謝他過去的教導；他也一直念念不忘學生們。

我於「三・一五」（譯者按：一九二八年日本舉行普選，日共借機公然活動，警廳於三月十五日大量逮捕日共黨員。時渡邊書記長，渡台成立日共台灣支部，抗捕，被警方射殺於基隆。）共產黨員大檢舉之前，讀了很多無政府主義、馬克斯主義等所謂危險書籍，這些書雖然公開發行，但在學校是禁書。我被列入要注意人物的黑名單中，所以操行每次都是退學邊緣的「丙下」。這次的學校紛爭後，我一定被降為「丁」，但沒想到卻反而跳為「乙上」。相對的，一向被公認為品行端正、溫文爾雅的胡君，卻由「甲上」降為「丙下」。因為被認定過去他的言行是偽裝的緣故。但胡君似不感痛癢。

五、教員生涯

總算完成了六年的師範教育，總督府頒下甲種訓導的資格證書，然後被分發到台中州海岸郡的龍泉公學校。

本校只有六個班級，屬於C級的小學校，校長道山一夫畢業於五年制的中學校，渡海來台，具乙種教員資格。教導是畢業於五年制台北師範的陳篇，也是乙種教員。但他是龍井一帶的望族，土地收租有薪水的六、七倍。另有一個日本教員名叫園部，畢業於五年制的農業學校，未婚，沈默寡言，道山校長經常說他的壞話。其他都是代用教員，稱為「準訓導」。

公學校建於山腰，上下學要走滿地石頭的山坡路。山下是海岸線的龍井站，距清水站有兩站。要去台北時，從龍井站坐慢車，至清水站換快車。

我擔任五年級的級任。道山校長特地去大肚公學校勸誘兩個醫生親戚編入我的班級，命令我要補習。法規上是禁止升學補習的，但因考上中學的人數決定該小學的評價，所以各校都在實施補習教育，已是公開的秘密。

白天上完六小時的課程，晚飯之後，七點到九點，召集志願升學的兒童補習重要課業。沒有加班費，純粹是義務的，道山校長每週二次補習算術，其他國語、史地、理科由我補習。

我的月薪五十圓，比起東京帝大畢業生的初薪七十圓，教師的待遇可謂不薄。園部的月薪四十六圓，但加俸六成，實領七十三圓六十錢，並配有宿舍。他擔任四年級。三年級級任是女教員名初子。她是畢業於四年制的彰化高女的代用教員，也加俸六成。

師範生的公費補助，內台人只差四圓，但出了社會，我的月薪還比代用教員的初子少十四圓；比起師範畢業的日本人竟少三十圓。而且每天我還要白幹兩小時的補習。

我也配了一間宿舍，但比起日人宿舍，我的宿舍是簡陋無比的草寮而已。園部從內地討了一個老婆，公共澡堂都被她先佔用，我和代用教員的周君都洗她倆洗過的熱水，實在難以忍受。

我每月滙三十圓給父母，其餘二十圓買書。學生時代我就買了世界思想全集、社會思想全集、世界文學全集、日本文學全集等大部頭的書數百册，最近又買了一套皮裝豪華版的世界音樂全集二十四册。這些書都搬運來宿舍，請木匠做了書架，壁上貼了就讀於東京美術學校的沈君的石膏畫，和我自己畫的風景畫，也成了蠻像樣的書齋。

登上校園的後山，可以望見碧波盪漾的台灣海峽。從山下連綿到海岸的田野，秋稻已成熟，秋風推起陣陣金黃色的稻浪，與遠處碧藍的海浪相映成一幅壯觀無比的大自然風景畫。

龍泉是母親的娘家，父親賣掉梧棲的二甲田地和五百坪宅地，在我就任的公學校北側山麓買了一塊宅地，蓋了一棟洋式大宅邸，在龍泉村僅次於陳醫師公館。餘款買了幾分水田，租給佃農，收些許稻租。

父親年輕時做稻米的投機生意，受到大虧損，在我考上師範之前，家運傾頽；長兄畢業於高小，也學父親做投機生意，時好時壞。

文部省每年舉行師範、中學、高女的教員檢定考試，我決心應考，便買了近百册的教育理論參考書，準備明年四月上台北應考，通過的話，六月就去東京參加第二次考試。

每晚補習之後，我就讀到深夜一時。道山校長幾乎每夜都來我的房間聊天，不知是有意還是無意干擾我的自習時間。損失香煙和茶水事小，每次浪費我一兩小時，實感痛心；但又不能下逐客令。

昭和五年五月，台北的第一次考試及格通知單寄到時，道山就露出嫉妒的眼色問我：

「你眞的要去參加第二次考試嗎？」

「是的。萬一僥倖考上的話，我就擺一桌請客。」

中師有位名叫牛島的教師，花了十多年才考上檢定，而我只花半年就通過第一關，對道山而言，當然不是一件愉快的事。

六、上京應試

去一趟東京得花一百五十圓的旅費，東湊西借才籌足旅費。父親與清水街的政治運動家楊肇嘉有點交情，他在東京有公館，便乘他返鄉之際，父親去拜訪他，他答應讓我去住兩週。

筆試完後，便是大瀨甚太郎校長的口試。大瀨先生是東京高師兼東京文理科大學的校長，也是教育學的權威。我過去讀過無政府主義者大杉榮全集，其中我最感興趣的是勞動工會主義活用了 Henri Bergson 哲學的創造論、生命哲學中的純粹持續論。其創造進化的思想既可適用於社會革命，也通用於教育學上的創造性發展的理論。在筆試的論文中，我引用此段強調創造教育論。也許我的論文引起大瀨主任委員的興趣，他針對 Bergson 哲學質問我二十分鐘。一個六十歲左右的日本大學者，看來其貌不揚，但目光如閃電，抓住我的語中把柄，步步逼攻。從台灣鄉下來的小蘿蔔頭，手掌沁冷汗，使出全身法寶，總算做了一場痛快淋漓的口舌之戰。

楊肇嘉夫人與許多子女都住在東京的小石川。子女都在東京接受中等教育，其中有一位法政大學畢業的楊基先，考了十幾回司法高考終於及格。在我寄宿他家期間，常招待我去看電影或喝咖啡。楊君花錢無節度，後來老是花我的錢，花得快精光時，我趕快離開，去關西一遊。

在神戶有一位鄉先輩專門做大甲帽輸出美國的生意，他每晚都帶我去跳舞。鄉下土包子從未進過舞廳，一見豐滿妖艷的舞女，滿臉火熱而血潮洶湧。

這年正是滿洲事變（譯者註：九一八事變）的前一年，日本景氣低落。我不想久留，便從神戶港搭船踏上歸途。船經瀨戶內海，綺麗島影迷人，我在舺板上畫了數張素描，時正暮色蒼茫。

在我返校前，文部省已寄來檢定合格通知單了。過幾天，合格證書就收到了。向道山校長報告時，他也沒表情。

同事們偷偷告訴我，道山把學校的石油拿回家用，學校的會計也一手包攬，帳簿被他做了手脚。眞是公私不分的髒校長。後來，道山早前的學生也是我同學的翁君來玩時，告訴我，他們叫他爲道山匹夫。從此，我也叫他爲匹夫。

我對道山說過若及格的話，要辦一桌請客。但託我補習兩個親戚的陳醫師堅持要代我請客。陳醫師畢業於六年制的總督府醫專，已是地方上的首富名醫。每逢佳節，他必宴請學校教員。道山幾乎每晚都去他家抽高級英國香煙，喝中國名茶鐵觀音。我偶而也去當座上客。

我的檢定及格，似乎帶給台中師範五、六百名的內台生異常的衝擊。一向被看成問題學生的我，竟也考上檢定，無形中給了在校生莫大的信心。所以後來中師人材輩出，文官檢定、高考、醫學博士無計其數，我的貢獻不能說全無。

暑假中，我照樣給升學兒童補習課業。一個遷居於南部的表兄專程來訪，要替我做媒，對象是台中市賴家的妾生千金。聽說長得美麗大方，嫁粧良田六甲、現金六千圓。光說這筆嫁粧，就一下子賺回父親做投機生意所賠掉的財產。

我才滿二十歲，還想多讀一點書，不想急急成家。母親最初大爲贊成，但一聽說對方要求我住進賴家，調職去台中，儼然成了入贅，則再多的財產她都反對。

表兄再度來遊說道：

「世間金錢最重要。要賺一個財產，眞是難事。你姑且把對方娶過來，得了財產再說。如果不合意，再娶小妾也無妨。反正有了錢，要娶多年輕多漂亮的小老婆，哪怕沒有。」

一個充滿理想主義的青年，聽到這種現實主義的論調，我傷心至極。

其後，類似於這樣的提親有過四、五件。台中州內一百萬人口中，我已成了小有名氣的名士，但儘量不傷害對方的自尊心，一一婉轉拒絕。

七、東京帝大同等學歷考試

我擔任的畢業班當中，一個考上台中一中，一個考上台中二中。前者是陳醫師的侄兒，後者是陳醫師的么弟。台中二中是清一色的內地生，但每班准許錄取兩三名本島生。陳醫師的么弟以第一名考入。另外一個女生考入彰化高女，兩個考入台中商校。

龍泉公學校有史以來首次有畢業生考上上級學校，而且成績斐然。一向被認爲C級的鄉村小學，一躍而成爲郡下的A級學校。道山校長走路有風，成天泡在陳醫師家裏當食客。

昭和六年（一九三一）四月，我去台北參加修身科的檢定考試。答案寫得很滿意，但意外落第。聽說對殖民地的劣等民族，不發給重要科目如修身科等資格證書，眞相如何不得而知。

正當我心灰意冷之際，無意翻到文部省的公告印了一排德文、英文、法文的參考書目。仔細一看，那是東京帝大的哲學科畢業資格的考試，雖然不是東大的在學生，但只要通過這項考試，就具有東大畢業的資格而取得七年制高校的高等科教員證書。參考書是東大的主任教授桑木嚴翼博士所指定的，有 Kant、Hegel、Rickert、Husserl、Heidegger、Bergson 等多人的主要著作十七册。這些著作都能用原文解讀的話，就可當東大的教授了。有人這樣說。

除了上述必讀的參考書之外，還有指定外的參考書：西洋哲學史、印度哲學史、佛教哲學、支那哲學史、日本哲學等，我算一算大概要讀五十部原書。光買這些書就要三百圓，書錢從哪兒來呢？

報考資格是由舊制高校、專門學校畢業生以及持有中等教員證書者。高考及中等教員的考試每年實施，但東大資格考試則四年一次。桑木博士發表談話說：因爲自修者的外語能力較差，所以考試水準要提高一年，相當於大學院（研究所）一年級的程度。

剩下不到一年的時間，我除了 Kant 的「純粹理性批判」用英譯本，以及高等英文作文之外，全部購讀日譯本。台中市最大的田邊書店都買不到這些書，還得一一向東京方面注文。星期日大約可以讀十小時，平日還要給學生補習，自己只有三、四小時，加上道山的打擾，時間所剩無幾。

報名單由校長同意之後，郡、州、總督府層層轉送到文部省。文部省的官員看到，必會笑掉大牙。

過去我只漠然疑惑宇宙與人生的諸現象，現在我在哲學書裏認眞探討三個問題：①時間的起點與終點，②空間的起點與終點，③生命的起源。哲學書愈讀愈難解，但愈激起我征服它的野心，這也許是我的虛榮心在作祟。

昭和七年（一九三二）四月，我調職到郡下最大的大甲公學校。今秋，本校主辦公民科與理科的教學觀摩與研究發表會，全州公小學教師約一千五百名會來參加，這是本校今年度最大行事。我被指派爲公民科的研究主任，永山爲理科的研究主任。新任的教頭荒木爲研究計畫總負責人，此事成敗決定他的升遷校長與否。

這一年，中國東北成立了滿洲國，但對我而言，那是遙遠得與我無關的事，我正爲公私兩忙中。

五月，我再度上京。是嫩葉季節還是落葉季節，我都無感覺。直往文部省去取我的准考證。辦事員看看我的資歷說：

「在日本，高考與高檢是國家最高的考試。」

不知他是對殖民地人鼓勵還是蔑視，但沒有台灣的官僚作風。

中師同期生的吳天賞君早就辭掉教職，就讀於青山學院的英文系。我去高圓寺街他的住處借宿幾天。他是基督徒，無味無臭的男人，也是當年趕走小岩教諭的三個首謀者之一。

一夜未眠，頭昏眼花來到考場一看，共有二十五個考生。有中學校長、女學校長、師範學校教授等。我最年輕，二十二歲小蘿蔔頭，其他都是四十歲以上的中年男子。

考試委員有桑木博士、京都帝大主任教授田邊元博士、東大名譽教授服部宇之吉（中國哲學）、東北帝大宇井伯壽教授（印度哲學）共四位。

第一天考哲學概論，整整四小時，我寫了二十二張答案紙，每個題目都作答。交卷時，看到旁邊的師範教授的答案紙大半都用德文作答，而我連用英文術語的餘力都沒有，怎能考過人家呢？

除了痛心花掉五百圓鉅款應付此次考試之外，我只好死心睡個大覺。還有四天的筆試，我就應付一下，打算草草返台。

第二天考西洋哲學史。反而頭腦清晰，大小問題都答得滿滿。

第三天考中國哲學史。第四天考印度哲學史。第五天考英文翻譯和英文作文。第五天的成績和第一天差不多吧。

八、不幸及格

過幾天，姑且去文部省看看考試結果。在正門的公告欄裏，公布了五個及格號碼。5號！我的號碼被公布出來了！張開兩眼再看一次，沒有錯，坐旁邊的師範教授也及格了。

這不是東大的入學考試呀，而是東大的畢業資格考試呀！一路上我怎樣走，都記不起來了。

翌日參加口試。桑木先生與田邊元先生一組，主考西洋哲學。桑木風貌溫厚篤實，田邊爲光頭，有素樸之風。兩人都拿我當大人看待，只嫌英文不夠好，問了幾道簡單的問題，就點頭過關了。比起前年與大瀨甚太郎先生的舌戰，此次有如不起泡的啤酒，喝起來沒有氣味。

第二組是服部宇之吉與宇井伯壽二人。服部爲貴族院議員，跛脚，這種人最愛挑人毛病。果然，他針對朱子哲學問我讀過《近思錄》沒有？「易本義」是什麼？我答道朱子怎樣怎樣，他就說書上根本沒寫「朱子」，而是寫「朱熹」。反正我說東他就說西，我說西他就說東。最後他乾脆一個人滔滔暢論朱子哲學的宇宙論，論到半途就突來一個問題，弄得我不知何去何從。宇井教授看不過我的窘態，就故意把話題接過去，道：

「喂，你！佛教哲學的題目是叫你論三應，你怎麼論到三寶——佛、法、僧上去呢？你把問題看錯吧？到現在你還沒發覺吧？」

我從不知道佛教還有所謂「三應」，只知佛、法、僧三位一體的關係。大概我論得還不離本質太遠，所以給了我分數吧。宇井先生眞是磊落的學者，他只提醒我錯處，而不加追問，就放我走了。

六月一日報上正式發表及格名單。二日，吳天賞從東京打來賀電。三日，日系報紙《台灣新聞》大幅刊載中師大岩校長的談話，大大吹牛中師教育的成功，彷彿是他個人的名譽。其實誰知道我爲了反抗中師的奴隸教育，才去報考各種考試，表現自己的能力。

友人莊君憤慨道：

「那些不知羞恥的傢伙最會搶功，把人家的榮譽佔爲己有。眞正要採用人事的時候，就不敢用眞材實學的人，像村野這種只有小學高等科畢業資歷的人竟聘爲師範學校的教諭，眞豈有此理？」

在台中發行的《台灣新聞》差不多一個月之間，連續報導我的消息。其他《台北日日新聞》或《台南新聞》也大幅報導。最令我受驚的是勅選貴族院議員林獻堂發行的《台灣民報》

竟刊登了我的照片。那是我返台在基隆港上岸時，名單尚未發表之前，民報的攝影記者不知從哪兒打聽到消息，偷偷拍了我全身照片。民報的正面是日文，反面是漢文，是當年台灣民族運動的大本營。

道山校長的學生子翁君是詩人，他寫了一首新體詩發表在《台灣新聞》，讚揚我這個友人；我也向該報投稿了兩三篇文章，雖然登出來，但都不付稿費。

東京發行的《高檢》雜誌來邀稿，我發表了一篇經驗談，領了五圓稿費，這是我人生第一次的賣稿。參加了三次的考試，總共投資了一千二百圓，其酬金僅五圓而已。

我的消息帶給被虐待的全台灣人興奮和勇氣。我也成了這個島上的名士。但那只是虛名而已，徒然消耗人生的精力與所投資的金錢。清朝時代的進士通過北京殿試，就可得五萬元或十萬元的賞金，名利雙收，但現在時代不同了。

虛名傳開之後，做媒提親的人就更多了。大甲街首富王某有三個女兒，才貌俱全。王主人傳話：只要我有意去京都帝大深造，願意資助我，並將大女兒匹配給我。可是我並沒有積極的反應。不久，王某就去世了。

台中州的秋季教育研究會開幕了。州下有關教員都雲集本校。荒木教頭是形式主義者，把師生製作的圖表陳列於走廊；校園掃得一塵不染，每棵樹都還要洗刷，好像這就是最重要的教育。

永山的理科教學安排在大禮堂，可容納千人以上的參觀者；而我被安排於普通教室，頂多容納兩百人。連這點小地方也要差別。

開始的二十分鐘內，我叫學生讀國語教科書，而從中抽出公民相關事項。這時公民科尚未獨立，而附屬國語科內，藉國語教育而漸次訓練市民精神。

因為我本人被強權教育壓得心驚膽破，所以我不管學校要求怎樣，上課時儘量讓兒童輕鬆自由。在觀摩教學的四十五分鐘內，我與學生們都照常活潑愉快地進行教學，引得參觀者不時爆笑起來。中途，校長與教頭帶領了州督學、郡督學等十數位大人物搖搖擺擺走進教室。

我照常用諧謔的口吻講話，兜得孩子們捧腹大笑。孩子們的心理很奇怪，平時不太可笑的話，人群一多就變得特別愛笑。也許笑聲傳到隔壁的大禮堂，引得大禮堂的參觀者的好奇，紛紛圍到我的教室走廊來，有的甚至把大禮堂的桌椅搬到我教室來。

課程進行到最後，我引用世界文學名著《罪與罰》與《克里斯朵夫伯爵》的主人公，用淺易的比喻歸結於教科書的內容，然後向孩子們發問總結是什麼。大多數的孩子都舉手了，只剩五、六個理解力較差的孩子還在猶豫。平時我為了這五、六個孩子，可謂下盡功夫了。我故意不指名成績好的孩子，一定要等他們提起勇氣。果然一個個慢慢舉手了。

「來！你說說看！」

我故意指名最菜的一個紅眼睛、流口水的兒童。不料他竟答對了。

句：

「哦？你也會知道呢？」

我故意寓褒於貶。引來全堂哄笑。

以前海軍次官山本五十六與陸軍次官東條英機同席開會時，東條愛吹牛，山本就冒出一句：

「哦？陸軍的飛機也會飛呢？」

引得全堂哄笑，而山本一本正經狀。

照理我對這孩子應該接下一句：「實在令人佩服。」可是我故意接著說：「實在不能令人佩服！」一語既出，又引來一陣爆笑。那孩子知道我在講反面話，反而覺得衆人都在注意他，而露出得意狀。

觀摩教學在掌聲中結束了，狐狸校長不得不對我說一句應景話：「今天的教學成功了。」

九、禁止研究發表

校長與教頭看我的教學壓倒永山的教學，甚不愉快，就策動川村郡督學來告訴我，下午的研究發表會不許我發表。

「我研究了一年的成果，爲什麼不讓我發表呢？到底我犯了什麼罪？無緣無故取消我研究會，這不叫我無臉見人嗎？至少也要給我三十分鐘發言。」

在我強烈抗議之下，川村不得已限我三十分鐘結束。

在大禮堂的講壇上，我從身心二元論談到教材的選擇應該配合兒童的心理發展階段，並強調應該密接於兒童的生活與經驗基礎。

我講完之後，有一位彰化高女的日人教師起來褒獎我。可是，另一位日人老校長起來訓我道：

「聽你的發言，好像否認神的存在。日本是天照大神派了八百萬諸神所造的國家。你敢說沒有八百萬諸神嗎？你的無神論是大惡非道的暴言！」

他的吼聲震驚了全場的人，一時令我無所是從。我只好把話題扯開，辯解道：

「基督教說：神是宇宙萬物與人類的創造主。我認爲那是一種假設，要證實它的實存性，相當困難。」

老校長看我無意與他爭執，便軟化口氣道：「哦，原來你指的是西洋上帝，那就沒話講了。」然後就滔滔不絕說八百萬諸神如何造日出之國，日本人是天孫民族，是從高天原降臨下來的諸神的子孫……。

這老校長太過動氣，結果患了輕微腦溢血，諸神保佑不佳，使他半身不遂，手脚發抖渡過諸神黃昏的晚年。

由於研究會的成功，後來荒木教頭升遷梧棲公學校校長，大甲公學校校長已屆退休年齡，便光榮退休了。只有我的年終獎金無緣無故被減了一半。我質問校長，他說我去東京參加考試曠職三週，所以減俸。眞是豈有此理？這種小心眼、愛做小動作的民族，還大言不慚要指導大東亞諸民族，豈不令人笑掉大牙？

教頭與校長都不關心兒童的升學，但本島人黃淸木訓導是大甲的大地主，其族人子弟很多就讀本校，都希望升學，所以派我擔任升學班。結果考上師範、中學、商校等共十數名。師範學校已改爲七年制，本島生的競爭率約六十人取一名，可謂天下難關。台中州下十一郡每一郡頂多考上一人而已，兒童們爲了爭考師範，身心憔悴，甚至病死，眞是殺人的教育。

星期假日，我一天要練習十小時的鋼琴。曾一度報名東京的上野音樂學校入學考試，但因年齡的關係，結果沒有去應考。連續十小時盯住複雜的五線譜，眼睛都花了，一個音符變成兩個音符，終於戴上近視眼鏡。遇有學藝會時，我彈鋼琴伴奏頗有貢獻，但校長竟不歡迎，中傷我不認眞教學而偷懶去彈鋼琴。

如此惡意中傷我，一點也不肯定我的努力，我留在學校還有什麼意思？於是，我決定離職，赴東京去讀書或另謀出路，反正我已服務期滿，不必賠償師範教育費。

提出辭職書後，我去母校中師向三位恩師辭行。

「你考取高校的教授資格眞不簡單。東大的畢業生自然可以取得高校的教授資格，並不稀奇，而你在教書之餘，自修考取，那才可貴。」

三木英太郎先生大加褒獎，使我飄飄然。我大言不慚道：「爲了做一個大學者，我要上東京去深造。尤其不會德文的我，不會被認爲是哲學家或教育學家。」

段證舍監長看我特意造訪，樂得有點緊張，便對我告白道：

「我準備了幾年的化學科高檢，看到每年都沒人考上，只好放棄了。你竟然考上，那比博士還難呀。」

音樂教師磯江勸我說：

「搞哲學，太高尚了。不如考高考的行政科或司法科來得實用些。」

沒想到磯江先生如此俗氣，我爲了這幾次的考試，已經用盡心力，也用盡金錢了，所以我不再試高考了。臨別時，磯江先生鄭重地提醒我道：

「你的學問已很高深，所以今後你要更謙虛才好。飽滿的稻穗是垂頭的，所以你也要向人垂頭。」

聽了這番話之後，我變得隨時都向任何人行九十度的最敬禮。「最敬禮」的日語發音相當於台灣的「屎掛咧」——全身被潑了臭糞。對人行「最敬禮」成了我一生的沈重負擔。

第二章　東京留學時代

一、重返學生生活

五年的小學義務服務若中途離職的話，需賠款九百圓給總督府；若服務期滿而退職的話，則可領得四百圓的退職金。聽說只要在東京高等師範的研究科掛個一年的學籍，茗溪校友會就會介紹工作，所以我決定申請不要學費的研究科。四百圓的退職金可充一年的生活費。若是天孫民族的話，自可以安心闖天下；但生爲殖民地的劣等民族，心頭總罩着不安的陰影。但不冒險一試也不甘心。

胞弟杏當晚我三年畢業於中師，現於公學校任教。他每月滙二十五圓給雙親，所以我無後顧之憂。至於結婚成家一事，同期同學都勸我若要專心研究學問，則千萬不能結婚生子受到家累。於是我滿懷絢爛的美夢，第三次來到東京。

照說我應該去拜訪東大的桑木主任教授，請他收為門生。因為桑木博士是我的主考官，他給我及格，當然我有資格做他的門下生。但我打聽到中產階級的東大畢業生的就職率只有七〇%，而無產階級的師範系統則一〇〇%。所以我就選擇了踏實的師範系統。結果這一個錯誤的選擇，導致我一〇〇%的失業。

昭和九年（一九三四）東京高師教育學研究科有數十名左右的學生。大多是高師四年畢業後，中等教員服務期滿後想再升學文理科大學，而來此待機一兩年的老學生。

高師的教授們揚言學術門戶開放，其實進去之後才知道這裏的學生們和教授們都一樣的氣度狹窄、獨佔性強、排他性強的師範性格。

研究科裏有二十幾個中國留學生，但多屬從不露面的幽靈學生。畢業論文則以一兩百圓請日本人代寫，拿一張畢業證書回國騙人而已。石山教授最認眞點名，王君、董君、黃君地叫了二十幾個人，但沒有一個人回答。如此虛僞的中華民國留學生，即使出席也聽不懂日語講義，所以被人瞧不起。

我很少缺課。石山修平教授的「杜威研究」，研讀原文書《民主主義與教育》，內容最爲充實。N教授的「教授法」最爲無聊，每節課都在重複康德的感性、悟性、理性。其實，康德的「純粹理性批判」與「教授法」根本不相關，而他硬要連扯在一起。另外，有時間的話，我就去大學部英文科旁聽三、四年級的英人教師的授課。宏比先生的英語會話，土馬斯的英文作文，我都大致聽懂，唯有英文修辭學太過專門，我無法趕上。

我每天認眞出席聽課，但我已讀破了社會思想、世界思想、教育學、倫理學、東西哲學名著四、五百部鉅著，再來聽N教授們的講義，實感時間的浪費。因此第二學期以後，我的重點就放到英文與德文上。英文教學還差強人意，德文教學令人反胃。沒有一位德人教師。日人教師的發音笨拙之至，像軍人在發口令，看來我非放棄哲學不可。

校舍是粗陋的木造教室，陳舊破爛之狀，有如補習學校，毫無高等學府的氣派，即連台中師範都不如。這樣的環境怎能產生偉大人物呢？我眞找錯學校了。

校園裏唯一的休閒地方是占春園。園裏有一口池塘，四周柳樹成蔭。我常在午飯之後，獨自坐在池邊的石椅上，呼吸清新的空氣，振作一下萎靡的身心。全校只有一千五百名左右的學生，不及別的大學的一個學部的人數，因此來占春園散步的人也很少。我更覺孤單寂寞。

二、偉人上野齊先生

昭和十年（一九三五）春，我辦理東京文理科大學的入學手續時，被教務課長大聲叱罵了一頓，說我不是高師本科的畢業生，不得直升文理科大學，罵我是殖民地生長的劣等民族，不知自愛。我聽說來日本內地就不會受到殖民地的差別待遇，但事實上我受到的差別待遇更大，尤其這一次的屈辱，使我終生難忘。

第二次，我拿了高等教員的及格證明再去教務課力爭。窗口的課員看了看我的文件說：

「哦，你考過高等教員，可不簡單。」似乎很佩服的口吻。

入學審查結果，總算讓我過關了。

今後四年間的學費，成了最大問題。要是日本人的話，只要是高師、文理科大學的學生，哪怕找不到一兩個家教的工作。但殖民地人的我向學生課主任岡本請求代找家教工作時，他一口就回絕我道：

「台灣人嘛，沒有人要請的呀。」

意謂鍍金的天孫民族的子弟，若被台灣人、朝鮮人、支那人等劣等民族教導的話，金箔就會脫落。

岡本主任似乎覺得職責上不幫忙學生又說不過去，便說：

「你去找找看，有沒有你們台灣人同鄉在東京開銀行的或開公司的，他們若要請你當家庭教師，就來告訴我，由學校推荐你去。」

就因爲我不認識半個台灣同鄉，所以才請求學校介紹。自從上京以來，我每天往返於寄宿處與大學之間，勤學英、德、法文已不夠時間了，哪有餘暇去交際社會人士。對於這樣一個勤學的學生，學校眞不會體諒。何況我多修了「源氏物語」等國文學科十多學分，超出應修的畢業學分至多，哪有學生像我這樣認眞？

不得已，只好寫信向台灣島內的友人求援。過去我考試及格時，友人們都來信讚揚我一番，說日本人輕視台灣人，我的成就是替數百萬的台灣人爭一口氣，使台灣人可以揚眉吐氣云云。但一旦伸手向他們求援時，各個都逃得遠遠的，不見回音。

意外的，上野齊醫師竟回信答應要贊助我。上野先生是大甲街的開業醫師，兼大甲公學校校醫。我在職中，只見過一次面，上京前夕去辭行，他就趕快叫來一桌筵席，向我餞行。

我來東京已年餘，尚未給他寫信答禮。如今冒昧去函求援，他竟一口答應第一年每月滙款五十圓，二年級以後每月滙款二十五圓給我。他雖然是有錢的開業醫，但比他更有錢的台灣醫師多得很，台灣人就是一毛不拔。

上野先生來信道：

「我之所以幫助你，是相信你的學問有益於未來的人類。我只盡微薄之力而已。將來資金是否要還我，由你自行判斷，小生並沒有期待一定要回報我什麼。」

放眼於整個人類的學問，是由這麼一個台灣鄉下日人醫師教導我的，我第一次深切體會到它的重要性。他的偉大感召，使我終生刻骨難忘。

台灣人只重視家庭觀念，只要姻戚關係，才能相互支援，而無法像上野先生那樣超越家族的自私領域，邁入人類的自覺。

上野先生始終如約每月滙款給我。二年級以後每兩個月滙五十圓來。這時候，正好由楊肇嘉先生的介紹，蔡先於律師的兒子入學於東京的某中學，便找我去當他的家庭教師。每月領得二十五圓，加上上野先生的二十五圓，我便省吃省穿地讀完大學。

上野先生於太平洋戰爭中過世，斯時我在中國大陸。不久日本戰敗投降，其遺族必甚困苦。我即託某日本友人從大陸帶錢給他的遺族，但戰後的混亂期，終不知道有無交到他們手上？上野先生生前，我無法回報他什麼；死後也沒有對他的遺族盡到一點責任。每當想起此事，就如針刺心，使我抱憾終生。

三、最後的考試地獄

東京文理科大學（東京教育大學的前身）四年間的所有課程我都聽過，並不覺得學術水準有多高。學問在其次，人格有問題的教授可不少。學識與人格一致而能感動人的，只有來本校兼課的東大的民法教援末弘嚴太郎先生與東大支那哲學史教援宇野哲人先生兩人而已。另一個高師出身轉任京大的田中寬一教援的心理學也算不錯。

畢業考試共十個科目，有一科不及格就不能畢業，當然也不能謀到職業。如果延長一年，就得多花六百圓的學費，我非拚個死活不可。

光歷史一科，就須讀完西洋史、東洋史、日本史三巨冊各一千頁左右的參考書。這是最低的要求，很多人讀了五年、六年，還考不過歷史這一科，聽說歷史科打分數最嚴。

有一天晚上，我在讀歷史書時，一刹那之間在我腦海裏浮現出歷史現象的週期法則性。就像牛頓看到蘋果掉下而悟出萬有引力一樣的喜悅。當然我的悟性沒有像牛頓那般早熟與敏銳，但這遲來的頓悟，令我樂得全身都冒煙了。

以後我每次讀史書，必定製作週期律的圖表，以便記憶。我發現各王朝的興亡盛衰，除了兩三成例外之外，大多遵循一定的時間與共通的因果性而變化。從此，爲了證明這些法則是否具有普遍性，成了我研讀歷史的最大樂趣。無論東洋史、西洋史、日本史，我都做了很多圖表來對照，雖不甚完整，但已有七、八成準確性了。

考試結果，我的歷史科得分最高，九十七分。其他科目也都拿了高分。「源氏物語」的專家山岸德平副教援還特地告訴我：「你的考試成績太好了，教授會上大家都嚇了一跳。」

這一年，非高師本科畢業的應屆畢業生共三十三名，考及格的只有二人，我爲榜首。因爲留級生太多了，便推我爲代表，向各科教授說情，希望降低標準，以五十五分爲及格點。大多教授都同意了，認爲早點畢業服務社會也無妨，但只有U教授不放鬆。

U教授是師範出身的右派教授。後來在大東亞戰爭中，他一直支持近衛首相與東條英機的侵略政策，並充當其先鋒。

四、附中教生

昭和十三年（一九三八）冬，畢業前的最後一學期，我被分發到高師的附屬中學，擔任公民科與修身科的實習教學。殖民地人有此資格，而中國的留學生因非日本國籍，故無實習課。

此中學爲日本最著名的中學，但木造校舍設備粗陋，油漆剝落，一點也看不出名門氣象。教生（實習教師）中只有我一人不是大和民族，但學生們很純眞，毫無民族偏見。

公民課的時間，有「法律與道德」的課程。中學四年級（譯者按：相當於現在的高二）的學生，智慧已相當開化，我爲了讓少年們實際理解中心課題，舉了如下一例——

這是在法國發生的事件。有一人掉入河裏求救。有一過路人看到，即刻取一竹竿伸入河裏，由於太慌張，不小心把竹竿尖端插到落水者的左眼。後來，落水者被救上來了，他不但不感激救人者，反而告他傷害左眼，要求法院判他傷害罪並賠償醫療費。此問題引起法國司法界的大爭論。

學生對此問題產生頗大興趣。我就把學生分成三組：一組爲檢察官，一組爲律師，一組爲判官，形成司法權最基本的三權分立，讓他們辯論。

一向上課愛吵鬧的學生，此刻也變得認眞無比了。教室刹時變成法庭，嚴肅得有點假戲眞做起來了。大家辯得無所適從之後，我便做了如下結論道：

「好了。綜歸所論，不外兩個觀點。就道德論而言，被告的動機是善良的，他與原告毫無怨仇，故可知他錯手傷害原告的左眼，是過失而非惡意。善意的過失無法構成傷害罪。何況傷害罪是刑法，與民法上的損害賠償無關。如此著眼於動機之善惡的法律家，稱爲主觀論者。此時，律師當然站在被告的道德動機，主張無罪。不過，法律是偏向結果論的。儘管被告的動機如何善良，其結果帶給原告終生的不幸，則被告足以構成過失傷害罪，並有義務支付損害賠償金。通常檢察官都站在此法律論，控告被告的刑責。」

我把上述旨意再板書如下——

道德論	法律論	
↓	↓	
動機論	結果論——	過失傷害罪（刑法）
↓	↓	↑
主觀論	客觀證據——	損害賠償（民法）
↓	↓	↑
善意　無罪	無法證明善意	有罪

「裁判長，你要如何宣告判決呢？有罪嗎？無罪嗎？」

我問了學生。留下最後課題，讓學生們去深思。

如此先把立論者的觀點弄清楚之後，我再舉了一例，讓學生們去判斷。

某甲對某乙抱著有私仇。某夜，某甲拿日本刀暗躲於上野公園，待某乙走過時揮刀一砍，某乙及時逃開，某甲未砍到人，却砍到一棵樹。試問：某甲能否構成殺人罪？

學生A君即刻起來發言道：

「就結果論，被告沒砍到人，無法立證殺人的客觀性證據，所以我認爲不能構成殺人罪。」

學生B君立刻站起來反駁道：

「某甲心懷殺意至爲明顯，此次失敗，他日隨時會再追殺某乙。如此潛在危險動機的犯人，應該事先逮捕監禁。因爲他遲早會成爲殺人犯。」

學生C君又反駁道：

「就結果論，尙未構成殺人事實，就加以逮捕，有侵犯人權的嫌疑，所以我反對。」

如此反覆討論，我的「道德與法律」的教學已算成功了。

教室後面坐著三十名左右的敎生，把每節課的得失記下來，課後互相批評改進。我這堂課的教學，沒有人記我的缺失。甚至E教生還說他被學生的熱烈討論迷住了，都忘了寫批評書呢。可是負責指導教生的附中教師却故意挑我毛病道：

「砍公園的樹木，犯了公物損壞罪，不能說無罪。」

我上了幾堂課後，就有五、六個學生來窪町的寄宿寮訪問我。他們都是上流家庭的子弟，教養好，一塵不染的心地。

「老師，附中的聲譽雖名滿天下，其實我們都被當做實驗品，眞可憐的。那些教生的授課貧乏得令人作嘔，我們徒浪費青春而已。」

「老師，只有你的講課，帶給我們很多啓示。上次，您介紹了賽珍珠的『大地』，令人感動，我想要讀那本書。」

從他們直率的言談中，嗅不到民族的偏見。我雖生於卑賤之家庭，而且年紀已一大把，但與這些少年們的心是一脈相通的。

每天早上的朝會，學生們都要跑步集合於操場。這時，即使我沒擔任的五年級學生，也都會自動向我這個異邦人行禮。全校有一兩百教生在此實習，學生們本來不必向教生一一行禮，但對我特別表示好感，使我受寵若驚。

五、痛苦的失業

昭和十四年（一九三九）春，我自東京文理科大學順利畢業了。原先我自以爲我是全日本優良的教師，沒想到一畢業即失業了。

這一年正好台南師範要招聘一位持有修身科、教育科、公民科資格的教員，請求大學推荐。我除了具有上述三種資格之外，又有修身科及心理論理學的高等教員資格，應徵台南師範是綽綽有餘的。於是請求兼任台北帝大教援的U主任教授拍了一通電報推荐我。

U教授從代用教員幹起，高師的國漢科畢業後入京大哲學科，只關心自己的地位，根本不關心學生的死活。只因他兼任台北帝大教授已七年之久，與台灣的官界學界關係密切，又是本系的主任教授，所我才厚顏請他推荐。可是他一開頭就臭罵我的學識與人格都有問題，然後故做人情地拍一通推荐電報，當然對方也知其用意。果然，三天後南師回電話不採用。也沒有說明不採用的理由。

我過去爲了參加國家考試，花了一千二百圓。來東京留學五年，花了三千圓學費。總共投資了四千二百圓，其中，上野齊醫師支助一千二百圓，此事U教授也知道。

我已屆滿三十歲了，如果能謀得南師教職，則打算一兩年後就結婚成家。當時台灣約有四十六所中等學校，而台灣人被採用爲正式教員的不過兩三人而已。就因爲很珍貴，所以我要是能返鄉任教，則眞是衣錦還鄉呀。

可是天孫民族的日本人只顧自己的繁榮，嘴巴叫著共存共榮，其實是掛羊頭賣狗肉，把異民族推入火坑中也在所不惜。

台灣總督府於台灣統治前半期任用台灣士紳劉明朝爲勸業課長，後半期任用大地主林益謙爲金融課長，只是利用他們做爲宣傳而已。後來太平洋戰爭末期，徵用十七萬台灣人充軍，戰死了三萬七千人，直到戰後日本政府也拋置不理。如此泯滅良心的民族，眞是天誅地滅。

我於走投無路之際，才想起歸隱於吉祥寺的三木英太郎先生。前趨請教之下，他說：

「你生爲台灣人而不知台灣情勢，眞是愚魯之至。日本人的天下，豈容你們台灣人插足其間呢？」

三木先生的表情相當沉痛。最後，介紹了一個臨時工作，月薪二十五圓。

母校心理學的N教授是平沼首相的京大同學，也是德國留學的同期生，典型的右翼法西斯學者，數次去南京或上海講學，做了軍部侵略的幫手。他答應聘我爲心理學統計室的臨時雇員，月薪四十圓，直到我找到正式職業爲止，他願照顧我。統計室已有七、八名女學校畢業的雇員在服務，多聘一個雇員是N教授的權限。但後來他竟食言了。也許U主任教授從中做梗也說不定。

N教授自知理虧，就另提了一案。他說：

「今後日本一定要誠心誠意與支那人合作，携手創建共存共榮的大東亞，努力建設大東亞的新秩序。爲達此目標，我們必先要理解支那的民族心理。你生爲台灣人，一定比我們知道支那民族，所以請你就民族心理學的立場，撰寫三百張原稿，由我負責出版。」

於是我花了八個月時間，被命改寫了三次原稿，最後不但沒得到分文稿費，而且該原稿也終不見天日了。如此假慈悲的教授，比起希特勒有何不同？

東京帝大於大正九年（一九二〇）以後，就沒有限制殖民地人的入學；但東京高等師範（東京文理科大學前身）平均每四年才錄取台灣人一名，因此凡考入本校的台灣生，都是相當優秀的人材。

比如晚我六年考進的蔡東建、蔡東國兩兄弟。兄讀生物科，從一年級起就患了腎臟炎，但直到四年級都保持第一名。弟讀物理科，也都保持第一、二名。又如晚我三年的陳蔡煉昌，從高師到文理大的漢文科六年間，都保持第一名。諸橋轍次教授把他拔擢為高師副教授。諸橋教授打破師範系統的作風，強調中國民族的偉大面，「君子成人之美」的實踐者，所以他與U教授正相反，可謂東洋君子矣。陳蔡君也是我中師的後輩，但際遇與我天壤之別。北師出身的謝春木（南光）早我多年畢業，是國漢科的第一名。比謝更早的有蔡培火，讀化學科，保持五名之內畢業。

台灣生都要苦讀苦學，但中國留學生却頗好命，每年招收一班五十名，特設預科一年，給他們補習日語，然後直升本科；因義和團的賠償金，每人每月從外務省領得五十圓生活費。雖然這樣好命，但從未聽說有優等生出現。

被稱為台灣的石川啄木（譯者按：二十五歲病死的詩人兼兒童文學家）的詩人翁牧（譯者按：當為翁鬧）就讀私立大學，因無錢繳學費，只好賣掉英文叢書，並把棉被、衣物拿去當舖。因罹患肺結核，遂於是年冬某晨，凍死於舊報堆中。

我雖未凍死，但在失業的地獄裏掙扎，其痛苦豈能為外人道耶？

第三章　大陸就業時代

一、赴中國大陸

昭和十二年九月號的《中央公論》發表了一篇指責日本軍閥侵略中國的論文〈國家與理想〉的東大經濟學部教授矢內原忠雄先生，爲了堅守正義與眞理，終被逐出東大。基督教人道主義者的矢內原先生以殉教者的悲壯心情，辦了一份宗教雜誌兼營古書店維持生活。

正好舊制高校畢業的台灣學生陳茂源兩次自殺失敗後，考入東大法學部，求救於矢內原教授。教授把他叫回家裏，開始爲一個殖民地學生講授聖經。這個家庭聖經班後來竟增至四百名。

另有一位美濃部達吉博士因爲主張「天皇機關說」（譯者按：天皇非神權，其權力受憲法與國會之約束。），於昭和十年被暴徒鎗擊於自宅，幸受傷未死。又有早稻田大學的津田左右吉教授的著作被禁止發行。

從昭和十年到十五年的五年間，正是我在東京的期間，思想彈壓愈來愈露骨，所以矢內原先生發出警告：「邦無道，則必亡。」聖經與論語也都這麼說。我應該脫離這無道的邦國。

恰巧昭和十四年從日本軍佔領地的華中地區，有二十名中國人的高中校長來東京視察教育。中國留學生的黃君同情我在東京失業，便把我介紹給校長們。（後來才知道黃君竟是高雄州出身的台灣人，其長兄在天津成爲銀行家，他也去天津一段期間，然後回到日本，便僞稱是生於福建的中國人，每月從外務省領取五十圓生活費。）

「這位楊君是生於東京的華僑，只會說一點兒北京話。連他故鄉的福建話也都不會講。」

他扯了大謊言，害得我不得不第一次撒謊。不料這一句謊言，竟叫我居留大陸的八年半裏，一路非扯到底不可。因爲台灣人是日本國籍，在中國不但無法就業，且受中國人輕蔑。其原因在於日本侵略中國時，利用極少數的台灣人做間諜，或請台灣流氓做暗殺中國人的爪牙；雖然是極少數的台灣敗類，但使中國人誤會全台灣人都是如此惡棍。

高中校長們回國之後，我寫了兩三封信，試探就業的可能性。不料，安徽省蚌埠市的省立高農回信，願意聘我爲日文教師，兼任學校當局與日本占領軍交涉事務的通譯。這佳音對我而言，有如佛陀降臨。

當時日本浪人或投機份子紛紛前往中國占領地區，大撈財寶回來，使中國民心向背於日本。因此，日本政府規定在大陸無正當職業者，不准航渡中國。

我憑此邀請函，向警視廳申請渡航證。特高警察兩次來我住處調查我的身份，才發了許可書。就這樣，爲了免於餓死於這個無道的日本帝國，我於昭和十五年（一九四〇）二月二十八日的大雪中抵達南京。

大陸是落後的封建社會。沒有同族、同鄉、同學、同黨、同僚的五同關係則休想能生存。我舉目無親，如同漂流大海中的一粟。而且台灣人既被大和民族欺壓，又被中國民族排擠，始知自己是最可憐的人種。

往訪南京中央政治大學體育教師孫君，請求讓我停脚一段時間。孫君是我在東京認識的中國留學生，交情不深。他勉爲其難地把我安頓於他的宿舍的一角落。聽說我要去蚌埠任教，他便好心地勸止我，道：

「再過個把月，汪精衛的和平政權就會還都於南京，成立中華民國和平政府。教育部也會遷回南京，中央大學也會復校，你不妨就在這裏就業。」

聽他的忠告之後，我就開始找尋東京高師出身的中國人或日本人，企圖建立五同關係中的一同。此時由日本軍部成立的南京維新政府裏，有一位教育部的日人顧問K氏，K氏把我介紹給教育部長顧先生。顧部長即刻聘我爲編審委員。編審委員的職責是審查全國小學、中學的教科書。月薪一百七十元法幣，與美國留學回來的同酬。這是我生平第一次領到的高薪。

可是四月一日，汪政權成立了，維新政府的職員全被撤換。我的好景只有一個月，又告失業了。

不是和平運動的同志同黨，就無法被汪精衛和平政府所任用。此後兩個月間，我又漂流於蒼茫的大海中，飽喝了鹽水。正値桃花盛開，江南風光明媚的季節，玄武湖畔新綠的柳絲眞是風騷多姿。可是空腹的失業者，獨愴然而淚下。

天無絕人之路。聽說東京高師美術科畢業的俞學長在教育部當專員，我就去求見。俞學長就把我引介給趙教育部長。趙部長畢業於日本的物理學校，曾任上海某大學校長。飄飄君子風度，剃光頭的基督徒。

數日後，人事發表，我爲教育部專員，月薪二百元。但京大留學回來的趙部長侄兒，與我同年，任社會教育司長，月薪六百元，高出我四百元，畢竟五同關係的同族關係最爲有力。部長月薪八百元。

二百元的薪水絕不算少，但和平政府相當低能，不到半年，就發生惡性的物價膨脹，生活陷入苦境。因此，中央大學一成立，我就去當兼任教授，教日文與德文。

接著，教育部直屬的國立編輯館也成立了。我也兼了該館的編譯官，翻譯了一本東京天文台發行的《理科年表》。另外，我用中文寫了一本《文化教育學概論》，請趙部長撰序，由編譯館出版發行。本書是介紹德國當代文化教育學者休布蘭伽等人的學說。頗獲好評。直到戰後國民黨政權的考試院的人事資格審查時，我也以本書而獲得內政部參事官及專門委員等高職。

二、赴任杭州

浙江省政府的省都在杭州。市街西側緊隣西湖畔，那兒有湖濱公園，浮島倒映於湖面；白堤與蘇堤横臥湖面，兩岸垂柳迎風招展。遠處有連山，岳廟與靈隱寺立於山間，眞不愧「上有天堂，下有蘇杭」。不過，美女都逃往上海租借地，如此天下絕景，只缺美女相襯，實美中不足。

我於南京供職兩年後，接到浙江省政府主席傅式說的電報，任命我爲秘書。時爲一九四二年（民國31年）三月。

傅式說以首名畢業於東京一高理科，考入東大採鑛冶金科。畢業後於秋田鑛山實習服務六年，總共住日本十三年，其日語甚流暢，幾與日本人無異。他與日高信六郎公使是一高及東大的同期同學，因此在我赴任杭州之前，特別去拜訪南京大使館的日高公使。這種戰時中，他也不怕素未謀面的我拿手鎗暗殺他，就把我招進公邸，面談三、四十分鐘。

日高公使並不管我是台灣人還是日本人還是中國人。話題以東大的市村博士大著《東洋史統》、林語堂名著《吾土吾民》及我的研究主題——中國的國民性格爲主。臨別時，他送我九谷燒的花瓶一只。

我在杭州的職務是對日交涉的外交秘書。另外，傅主席每月一次出差南京，我便奉陪在側，當侍從秘書。

不久，國立浙江大學復校，南京教育部高等教育司長錢慰宗調任校長。錢校長畢業於哥倫比亞大學教育系，因在南京共事過，所以聘我爲大學的秘書兼任心理學教授。傅主席讓我辭去職務，但財政廳與糧食局又聘我當兼任秘書。

在上海租界地觀望形勢的大學教授蔡賓謀來到杭州。蔡畢業於哈佛大學物理系，專攻核子與素粒子。因與傅主席曾同在上海的大廈大學任教，所以傅請他來當建設廳長，可是他怕被誣爲傀儡官吏或漢奸，故婉拒之。可是他却利用傅的政治勢力，設立江南公司，獨占浙江特產的桐油。蔡社長也聘了我當秘書。

如是憑藉日文的武器，我兼任了五、六個秘書，彷佛生來專幹秘書似的。但總共也不過一百美元的收入，相當於日高公使館的僕役而已。不過，我已擁有五同關係中的兩三同了。想要在中國的官場或企業界成功的話，除了五同關係之外，還要具有六種嗜好，是謂六趣。此即喝酒、打麻將、跳社交舞、吸鴉片、看京戲、嫖姑娘。具備六趣的人，則升官發財易如反掌。可惜，我勉強僅有喝酒一趣而已。

幾乎每天黃昏，我就去西湖畔北口的江南公司陪蔡社長吃飯喝酒。喝到醉醺醺，兩人就去湖邊散步。路燈被濃霧罩住，令人陶醉於夢幻之境。有一次蔡社長借酒威，向日本憲兵用英語大吼，要不是我解圍，準被射殺。只要我在旁邊，就有安全保障，因此我可以說是蔡社長的保鏢。

杭州的憲兵中校隊長的弟弟畢業於東大英文科，憑此絲微關係，我就與隊長建立了交情。英俊年輕的隊長待我特別友善。基督教系統的蘇江大學的十多名美國人教授逃亡後，教授宿舍便歸憲兵隊管理。宿舍裏留下數萬册的外文書，沒人能夠利用，隊長便叫我去搬書，隨便我拿，我就選了一百多本帶回去。

後來隊長也與蔡社長混熟了，便常三人一起在隊長宿舍喝酒，隊長招來一個杭州美女來陪酒，喝到深夜，便四人同室而睡。因君子協定不准動女人邪念，故只能望梅止渴。睡到天亮，西湖金波盪漾到橫臥身邊的美麗女體，令我快要發瘋了。

傅主席的主任秘書莫老是清末最後的進士，曾在東京的私立大學留學一年，花了兩百圓買了一張畢業證書歸國。他年紀已屆六十五歲，精通中國古典。我與他相交三年之久，其間一年多的同事期間，每晚都與他煮酒談論《左傳》《史記》等古史。莫老從未佔用公家的一張信箋，眞是廉潔的君子，這樣的官吏在中國眞是難得一見。他嚐盡人生的流離哀愁，諦觀歷史的虛幻，已入淡泊清寥之境。我從他身上學到不少東西。

三、日本投降，國府接收南京

一九四五年（昭和二十年）八月十五日，日本宣布投降。此時傅式說已辭浙江省主席，而任南京建設部長，在上海自宅被逮捕。現任部長級的人大概是無期徒刑，而不至於死刑吧。

傅本來是大學的數學教授，因他留學日本而親日本，認為中日兩國長期戰爭終會兩敗俱傷，所以很早就參加和平運動。他既非國民黨員，更非共產黨員，只是做為社會賢達，挺身主張和平而已。後來就被汪精衛看重了。

日本一投降，我就公開我是台灣人的身分，所以我偽裝華僑的身份其實只有五年。在日本與聯軍締結和平條約以前，國際法上我尚未喪失日本國籍，所以即使我在和平傀儡政權下當了公務員，也不算漢奸；何況根據漢奸條例規定，月薪四百三十元以上的簡任官為逮捕對象；而我在建設部當秘書的薪水是四百元，因此還未達漢奸的資格。

在這戰後的混亂期，我最好閉門專心著作。過去我蒐集了很多歷史文獻，早就想把我的歷史大發現寫成完整論文，如今我才有時間好好求證史籍。終於我用中文寫了一千二百張原稿，題為《歷史週期法則論》。

外面的世界動態，全靠收音機與報紙。我最關心的是那些被指為漢奸的和平派要員的命運如何。國民黨機關報《中央日報》天天報導鎗斃大漢奸的消息。我跟隨了三年半的傅式說的生死，令人躭憂。

我關在書齋裏一年多以後，便出來當南京市教育局的督學，幫忙從抗戰首都重慶陸續回到南京的男女高中生與中學生的插班工作。各學校都已趨飽和，所以插班生競爭相當激烈。其中有一個志願空軍飛行員的高三學生F君也來申請復學。這學生原先就讀於中央大學附屬高中；在國民黨政府的「十萬青年十萬軍」的號召下，毅然棄學從軍，接受軍事訓練。但抗戰勝利回來一看，母校已被有權勢的大官子弟優先佔滿了，而他竟被拋於校門之外。於是他來到我的窗口，要求插入南京市立的任何高中。

我一聽說他的情況，極爲憤慨，如此愛國少年，竟無法讓他復學，如此國民黨政府必會滅亡；可是中大附中是國立學校，而我管轄的是市立學校，學籍不對，無法接受，我要他再去母校，和校長直接談判。

「你父親做什麼事？」我問他。

「最高法院的法官。」

「啊，那就請你父親發動檢察官逮捕附中校長，如果他不讓你復學的話。」

過數日，F少年全身大汗跑來找我。說明母校仍然無法讓他復學。不得已，我就把他編入市立高中。

沒想到不幾日，F少年的父親竟親自來我的寓所邀約吃飯。赴宴一看，還有明治大學留學的最高檢察官和幾位法官。被關在上海提籃橋監獄的許多漢奸，經上海高等法院判決死刑之後，南京最高法院有復審判決的權限。因此這些與我同桌的人實操有生殺大權。

從他們口中，我打聽到傅式說的近況。原來傅在三年半的浙江省主席任內，總共貪污了二百七十萬美元，屬於中級貪官污吏。傅被捕後，他的家人不斷拿金條賄賂監獄官與特務，大概拿了近百條的金條，都像投入大海一般不見動靜。終於一九四七年六月十九日，被鎗決於上海刑場，留下辭世之絕句——

人間歡樂少
天外月長圓

傅歿後，他購置在上海的三十七處不動產都被沒收了。這些不動產有的是用他人名義購買的，但都逃不過特務的耳目。原來傅最信賴的會計員見風轉舵，背叛主人而通報蔣介石的特務，因此連傅妻極秘密購買的珠寶，暗藏於某處的金庫中，也被三個覆面怪盜搶劫一空。

汪精衛於終戰前客死於名古屋醫科大學的附屬醫院。其後由陳公博接掌和平政府，陳於一九四六年六月六日八時半，被鎗決於蘇州獅子口監獄。他被公認爲中國第一清廉的高官，直到死刑前，他沒有分文存款在銀行，也沒有一間房子或一寸地。臨刑前，遺言要把他平日愛用的唯一茶杯放入棺材裏。棺材是由親友們合資購買的。那只茶杯上面燒嵌五個字——「駿馬驕不行」。不知是否有意諷刺蔣介石的運命？

他留下一首辭世詩，曰：

險阻艱難不肯辭
輕生重諾寸心知
拚將肝胆誓朋友
珍重東城判決時

處刑二個月前的四月五日，蘇州高等法院檢察官韓燾宣告陳公博十大罪狀的剎那——下午三時許，突然狂風吹起，法院庭院內的古松猛烈搖撼，烏雲蔽日，天昏地暗，民衆慌恐至極。五十五歲外柔內剛的陳公博於獄中寫了四十頁的告白書《八年來的回憶》。出版之後，上海、南京一帶一天賣十萬部，衆人爭讀。只因來接受和平政府的國民黨官員比汪政權的官員更貪汚，不到一年，盡失民心。這使民衆更同情被誣判爲漢奸的忠良淸官的陳公博。當時《中央日報》的一位記者報導了民心向背，眞令人替他擔心。

一九四五年九月，蔣介石任命馬超俊爲上海市長。四個月內貪汚了五億美元。蔣介石大爲吃驚，即刻換上吳國楨當市長。但吳市長與蔣夫人宋美齡及前行政院長孔祥熙勾結，大搞走私。此事被蔣介石長子蔣經國發覺，派人查封走私品。因蔣夫人雇了私兵保衛倉庫，雙方起了衝突，於是母子就在上海碼頭打起巷戰。由於母子內戰太不像樣子，蔣經國便飛往南京，向老爸告狀。這件驚天動地的大事件發生於一九四八年十月中旬。兩個月後，國共決勝負的分水嶺的徐州大會戰爆發，果然國民黨敗北，從此江山又大變動了。

四、視察台灣民情

一九四六年七月美國馬歇爾元帥調停失敗後，國共兩軍就開始打起內戰。

當時國民黨軍約有四百三十萬人。開始兩三年內，又增徵了四百萬新兵，總共八百三十萬大軍，無論人數或裝備，都佔絕對優勢。中共正規軍約有一百萬，裝備簡陋。所以總參謀長聲稱五、六個月就可以消滅中共紅軍。蔣介石也向馬歇爾特使如此宣佈。

軍事與經濟情報一片混沌，前線的消息都被封鎖，誰也無法判斷情勢如何。即連周恩來也說兩軍要決勝負，需待十年之後。可是報紙每天都出現國民黨打勝仗的頭號消息。我想與其留在此地瞎猜戰局，不如回台灣競選立法委員，在教育改革方面做出一點貢獻。於是我就油印了幾百張履歷表，分寄給政界人士，請求支持。

當時在重慶的數十名台灣人統統衣錦還鄉，回台灣榮華富貴了。而日本佔領期被徵調來南京的台灣軍人或軍屬約八千人，也都回台灣去了。所以我在南京，幾乎找不到一個同鄉。唯有日本陸軍士官學校畢業的台灣人中將陳嵐峯，退役之後留在南京，準備參加監察委員的選舉。我和他商議選舉，遂成知友。

南京的要人看了我的履歷書而最先找我的是教育部次長杭立武先生。杭留學並居住英國二十幾年，爲政學系的年輕主幹。他把我介紹給王世杰外交部長，推荐函寫道：台灣人也需要有個外交官。但杭次長勤務室的班專員把我的文件交給他的姊夫、內政部長張厲生。

張部長爲巴黎大學畢業生，專攻社會學。曾任陳果夫的秘書一年，陳就把國民黨中央執行委員會的職位讓給他。當時張厲生才三十六歲。可是張有濃厚的大公無私精神，而陳果夫與陳立夫是C・C團的國民黨極右派，張厲生不爲C・C派的利益着想，而要以「天下爲公」的孫文精神來執行黨務，那就令人傷腦筋了。所以不久就被陳果夫趕走，轉任內政部長。

張厲生雖被視爲C・C派，但爲人公正，與政學系的張群、翁文灝、王世杰、杭立武等人意氣甚投合。政學系與C・C派同爲國民黨員，但前者多屬歐美派的自由人士，後者傾向於獨裁性格。此二派系在抗日勝利後，爭相拉攏人材。表面上，我是被C・C派的張部長拉過去了。張部長足足約談了我一小時後，結論道：

「你在內政部和在外交部都是一樣的。假如對日和平條約締結後，你被派爲首任駐日大使的話，我願做你的靠山。蔣委員長認爲中國的將來一定要和日本國民提携合作，所以屆時像你這樣的日本通人材是很需要的。即使不是駐日大使，也許有機會當台灣省主席，我也會全力支持你的。所以你要在中央幹幾年，廣結各方面的人緣，然後去地方任職，萬事才能順利。」

我告辭後，張部長伴我走過內政部的大庭園，送到大門口，令我感動萬分。當時國府把十八省行政區畫分為三十六省，內政部長是指揮監督全國三十六省主席的最高首長。張部長的謙冲與民主作風，令我留下深刻印象。

內政部內的民政司是最重要的部門，管轄全國的戶籍、兵役、選舉等事務。民政司長視察湖北省的徵兵事務之後，在工作會報中報告如下：

湖北省徵兵處長隨便拉農民充軍，既無棉被又少糧食，農民兵飢寒交迫，身體衰弱。家中本來就貧寒，還要張羅五、六兩金子來贖人回去。徵兵處長飽賺財寶，眞如林語堂所稱「兵匪」、「官匪」、「紳匪」，到處橫行。漢口某一大企業家憤慨如此橫暴拉兵，便捐獻五百萬美元給中共軍。

每週一次的工作會報，這類國民黨的軍、政、黨的匪賊行為都列舉不完。

在如此混亂的局面下，一九四七年八月末，張部長特派我回台灣視察。那是國民黨大殘殺台灣人的「二二八民變」的半年後之事。他要我暗中調查台灣的民情和魏道明貪污的眞相。

台灣省長官陳儀殺人魔王被貶官之後，換了魏道明上任。魏為留法學生，曾任駐美大使，是全國三十六省中唯一的文官主席。但在他一年多的任期中，讓其妻鄭玉秀壟斷物資，約貪污了二百萬美元。

「由中央來的視察特派員，魏主席必每天邀你赴宴，並派兩個秘書伴你視察，如此則聽不到人民的眞正聲音。因此，你不要表露身份，也不要招待記者，暗中調查即可。」

在張部長的指令之下，我終於回到濶別十年的故鄉。台灣經過太平洋戰爭與二二八民變的洗刼，變得荒涼之至。

五、台灣大屠殺

抵達基隆之後，先在台北停留一星期，向知友打聽二二八民變前後的政情及軍事情況。上海有一兩位台灣企業家，我拿了他們的介紹信，往訪接近政壇的人，詳細記錄國民黨政權，特別是陳儀前長官的政風，以及各方面的民意。

十年未見的老母，看到我還活着回來，眞是喜出望外。弟弟已辭去小學教員，於昭和十六年定居內地，當了律師。母親帶我去梧棲的媽祖廟和淸水的觀音亭，燒香膜拜，感謝保佑我安全歸來。想起大戰中，B29 和 P51 猛炸上海與南京，炸彈掉在距我百公尺之處，險些兒丟了命。在那生死邊緣，我最先想起的是故鄉的老母。

母親說大戰發生後，只知我在大陸，弟弟在日本，可是音信不通，不知兩個兒子生死如何，因此每天早晚都在燒香祈願。難怪母親老得那麼快，已經滿頭白髮了。我內心悔恨自己的不孝，暗然神傷。

為了公務職責，我花一個月時間走遍全島。給我最強烈印象是貪官污吏之多，和受國民黨軍欺騙而遭致大量虐殺的恐怖感瀰漫各階層。

國民黨政權下的軍、官、黨員在接收台灣時的掠奪情況，是全中國共通的現象；只是對於接受五十年近代化教育的法治國民的台灣人而言，未免衝擊太大了。

日本的殖民政策是養綿羊剪羊毛，國府的統治政策是殺雞取卵。曾任台北高校的英文教師，戰後轉任駐台副領事的喬治・柯記載道：「國民黨的接收機關像蝗蟲一般的吃盡此地的財富，破壞了成長的潛在能力。亦即未開發國家來佔領已開發國家，使已開發國家回到未開發國家的水平。」

國民黨政權的特徵是既貪污又無能，把台灣的民生趕進貧苦的深淵。日據時期的專賣局製造良質的香煙；陳儀來了之後，都製造惡質的香煙。於是「大英牌」或「大前門」等上海煙、香港煙大量走私進來。當然也有蓋着關稅印的進口煙。一九四七年二月二十七日，專賣局的武裝警官取締一個零售非走私煙的婦女，沒收了她的香煙與所賣的錢。這個老寡婦為了養活兩個子女，哀求寬容。警官不聽，並毆打老婦，引來路人不平，爭相抗議；警官拔鎗，射死一青年。

憤怒的市民約二千多人，於翌日（二十八日）上午九時，圍住專賣局示威，要求處罰殺人警官，並撤換專賣局長。

原來示威群衆甚有秩序地排隊進行，但專賣局關起大門，不接受請願，於是群衆情緒昂奮，終於破門闖入，把香煙、鈔票等搬到街上燒掉。沒有人想把公物佔爲己有。

下午二時，群衆愈聚愈多，移向長官公署的廣場。陳儀早就下令機鎗手在屋頂上待機，看到群衆擁來，不警告就開鎗，當場射死四人，受傷十數人。從海南島歸來的舊日本兵台灣人勇敢地上樓，想要奪取機鎗，但沒成功。

上海發行的英文雜誌《司法評論》的美國記者目睹現場，便報導這種官兵的蠻行，是十三世紀以前的行爲。

聽到消息的台灣人都憤怒得幾近瘋狂了，便看到大陸人就抓來打。大陸人逃竄，台灣人就追趕，滿街喊打喊殺。有的大陸人跪地叩頭，一旦失勢就變得卑屈不堪。

有人佔領了新公園內的廣播電台，用台語與日語對全島呼籲大家起來打倒貪官污吏。於是忍無可忍的台灣人一齊站起來了。把貪官污吏們綑綁起來，像抬豬似地一個個抬到學校關起來。學生們荷鎗担任警衞，婦女們自動來煮飯或送便當。凡在大陸人家裏搜出的鈔票，一律集中在街上放火燒掉。

根據長官公署的發表，第一天大陸人的死亡者六十多名，受傷者二百名。

三月一日，在台北公會堂（改稱爲中山堂）成立了「二二八處理委員會」。對台灣的政治、經濟、司法、教育各方面提出三十二條改革要求。陳儀也接受了。

三月八日正午，憲兵隊第四團團長張慕陶中將來中山堂拜會二二八處理委員會本部。他表示台灣的政治改革是正當的要求，並道：「我用生命保證中央政府絕不會對台灣採取軍事行動。」

但張中將的舌頭還未乾時，此日中午基隆港口開入了一萬國民黨軍。一上岸，就向基隆市民開鎗，不分皀白，見到就殺。

我從某法院的法官聽到如下敍述：

二二八處理委員會本部的中山堂的三、四樓各房間，有數百名大學生在留守。三月八日下午，陳儀派了一個大隊的兵力來包圍。部隊衝上樓，開鎗掃射。有的大學生被砍斷手脚拋出窗外，頭部碰地，腦漿四濺。約有半數學生被活捉，用鐵絲貫穿手掌，數人串成一串，拋入淡水河，變成無名屍。當中有幾位女學生也抗拒到底，臨死之際，還大聲尖叫：「支那豬！上天有眼，看你們驕到幾時？」

林木順是事變的當事人之一，逃離台灣後，編了一本《台灣二月革命》。其中記述中山堂的情況，與我所聽的相符。另外他又記載鐵路管理委員會的三十多位台灣青年，都被從三樓上拋出馬路，再用刺刀刺死。

一週以來，自動協助政府維持治安的數百名學生，替政府整理交通，防止流氓宵小趁火打刼，功勞不小。可是這些純潔無垢的青少年們，一夜之間，都橫屍於圓山動物園外，誰敢相信？

美國國務院的《對華白皮書》主要根據美國領事館與聯合國救濟總署的官員以及教會牧師等目擊者的談話而記錄的。該書記載道：「三月九日起，國民黨軍進行了廣泛而無差別的殺戮。領事館員宿舍前，幾個勞動者沒有做什麼就被刺死。軍隊所到之處，大肆掠奪。一個老人從家中被拖出去，婦人出來抗議，兩人當場就被砍死。有一位教會醫院的加拿大護士勇敢的來回於鎗火中，把受傷的人帶回醫院治療。可是一群負傷者跟着她往醫院的途中，後面開鎗過來，一個個倒下去。三月十日，領事館附近的萬華一帶，部隊大出掠奪，很多商店主人被射死。……高中生多數被捕。若家中被搜出武器，而高中生不在家時，則由兄弟或父親頂罪受捕。三月十三日爲止，台北約有七百名學生被捕，基隆約有二百名學生被捕。三月九日，松山有五十名學生被殺，北投有三十名被殺。……」

喬治・柯於《被出賣的台灣》一書中記載道：「我看到被綑綁起來的學生一卡車一卡車的載往刑場。有一個外國人數着東門路邊被拋棄的學生屍體，有三十具以上。他們有的被割掉鼻子，有的被割掉耳朵，甚至很多被割掉生殖器。有兩個學生死在我家附近，頭被砍斷。……」

我調查得知當時陳儀想要派人暗殺副領事喬治・柯，僞裝被台灣人暴徒殺害。因喬治・柯蒐集了大量情報，對省政府非常不利。但喬治・柯事先得到情報，便躲藏於安全處，逃過大難。

有一位大陸人記者名唐賢龍，將其見聞寫成《二二八事變內幕》。書中有一段寫道：

台北市的植物園樹木繁茂，景色宜人，是情侶們談情說愛的好去處。是夜，情侶們做夢也沒想到中國增援軍攻入台北，仍然雙雙對對來植物園散步。突然軍隊包圍開鎗，共殺死六十多人。情侶們大多擁抱在血泊裏，有的抱住情人的脚而氣絕。

唐記者說，翌日，他來數過屍體之後，走向土堤。土堤下也堆滿屍體，有兩個警察在那兒巡邏。他問警察殺了幾個人。一個伸出二指，一個伸出三指。此時流行一指表示殺了十人，則一個殺了二十人，一個殺了三十人。

不少優秀的台灣人材也遭殺害。比如：東大出身的檢察官王育霖；東大出身、哥倫比亞大學文學博士的台大文學院長林茂生；慶應大學出身、留學哥倫比亞大學的大公企業公司社長陳炘；東大經濟學部出身、茶業公會會長、被選爲二二八處理委員會主席的王添灯；中央大學法學部畢業，高考司法科及格的林連宗等人，都自覺無愧於天地，所以沒有逃亡，但半夜從家中被帶走後，便下落不明，成了永不歸人。

以上，被逮捕鎗決的，除了學生之外，多爲律師、醫師、公務員、財界的指導人、對政府批評的議員、與外國人有密切關係的人等等。

「我與北白川宮能久親王率領的日本皇軍打過仗，但日軍還沒有如此暴亂殘忍。這豈是祖國的軍隊嗎？」

一位老詩人感慨萬千地哀嘆。

我從台北南下，新竹、台中、彰化、嘉義、台南、高雄，所經之地必詳細打聽各地的戰鬥狀況。台南望族劉青雲，慶應大學出身，時已六十八歲，以爲我是國府的特務，變得台灣人之間都不能互相信賴。沈榮是日本大學出身的律師，他告訴我：國府接收台灣的一年半之間，所判決的刑事犯罪，爲日本治台五十年間刑事案件總數的二十八倍！

嘉義方面台灣軍首先包圍虎尾機場，然後在嘉義市展開巷戰。爲避免市民犧牲，台灣軍用貨車滿載武器彈藥，退往阿里山去。

高雄港和基隆港同樣是要塞地，所以高雄市的屠殺也甚厲害。三月六日，大陸增援軍還未開到，駐屯於壽山要塞的中國部隊就攻進高雄市內，無差別的屠殺了男女老幼約四、五千人。市政府前彈痕堆積如山，可見雙方攻防戰的猛烈。中國部隊從女屍上掠奪飾物。套戒指的就被切斷手指，套手環的就被砍斷手臂，掛耳環的就被割下耳朵。

這次民變結果，警備總司令部發表外省人死傷人數：死者三百九十八人，輕重傷者二千一百三十一人。可是對台報復所殺人數，政府都不公表正確人數。據一般統計，有人說二、三萬人，有人說四、五萬人，各不一同。

陳儀過去兩次被任命爲福建省主席，兩次都受到人民的反抗。每次他都屠殺了一萬五千名左右的福建省民。所以他來台以前，已是雙手沾滿血腥的暴戾軍閥。

根據後藤新平所著《日本殖民地政策一斑》所載，從明治三十一年至明治三十五年的五年間，總督府共殺了台灣人一萬一千九百五十名。而中國軍於兩週之內，殺了兩三萬以上的台灣人，相形之下，台灣人對「祖國」的絕望可想而知。

日據後期的二十五年間，即使在國家存亡的太平洋戰爭的嚴厲時期，台灣人政治犯或思想犯被宣判死刑的，一個也沒有。留學莫斯科的台共頭子謝雪紅，也不過被判十三年徒刑，被關二年後，因病而獲保釋出獄。

所以日據時期的司法權是獨立的。即使獨裁的總督，做爲行政的最高首長，也無權對犯人判死刑。如此近代化的社會，對來接收的落伍腐敗軍閥，當然會起反感。就因爲台灣民衆反抗國民黨暴政，才會受到如此無差別的屠殺。

第四章　敗亡政權之下

一、魏主席打官腔

視察一個月，回到南京之後，我即刻撰寫了二百頁的報告書。分成前後篇。

前篇就「人的因素」分析實情。日本投降時，台灣人口六百三十萬，其後兩年內湧進五十萬的大陸人。大陸人公務員專肆貪污，上海商人囤購台灣物資，運往大陸賺大錢。因而台灣人與大陸人利害關係對立，發生磨擦，導致二二八民變而屠殺大量台灣人。我建議徹底肅清貪官污吏，儘量起用有爲有能的台灣人材。

後篇就「物的因素」論經濟復興爲當務之急。民生若不安定，則易爲共產化的溫床。台灣的知識水準相當高，應該遵循憲法規定，早日實施省長、縣市長的民選。

張厲生內政部長讀了我的視察報告之後，說：「若不知道你的人讀了這篇報告，一定會認爲你是偏激分子。但我摘錄了其中一部分，加上我的意見，上呈給行政院長張群。台灣省治理的良否，對國府的威信與國際評價影響很大。因爲它被拿來做爲和日本統治的比較，所以我們相當重視台灣問題。」

自從我進了內政部後，張部長就指示我要撰述一書《台灣之今昔》。第一部爲從鄭成功到清帝國的二百多年間的統治狀況。第二部爲日本統治五十年間的近代化過程。第三部爲國府接收後的情況。

在南京，我和立法委員劉明朝交情甚篤。

劉爲東大法學部出身，高考行政科及格，任職總督府勸業課長，爲台灣人最初被任用的官吏。劉與橫田喜三郎教授（後任最高法院長官）爲同期生，而我曾選修橫田教授的國際法講義一年。基於這層關係，劉每次來南京，因不諳北京話，所以會見各部長時都由我充任通譯兼案內。我需要參考資料，他就從台北寄來二三十冊台灣關係文獻，並附了他對各書的批判意見供我參考。

根據劉給我的這些文獻，我完成了《台灣之今昔》的第一、第二部。所以在我赴台視察之前，已有充分的預備知識了。

張群畢業於日本陸軍士官學校，曾任外交部長和抗戰時期的四川省主席。他爲政學系的首領，宋子文被罷行政院長後，蔣介石命他接任。身爲最高行政首長的張群，照理是無暇讀小官吏如我者所撰述的報告書。不料張群院長竟細心地讀了我的報告書，而且就最要緊的兩點意見，亦即肅清貪污和起用台灣人材，摘錄下來油印了兩頁，用行政院長的命令頒給全國各機關。檢舉貪污公務員的監察委員、立法院委員、以及各級法院也都收到此文件。有一位台灣選出的陳監察委員冷諷我道：「你可風光啦，好不威風呀。」

詎料讀了我的視察報告書的魏道明主席，暴跳如雷，即令省政府各部局一一提出反駁書。用漢文打字撰了約一百頁的反論書，寄給行政院長和內政部長。看了那反駁文，益覺中國官僚的低能和無恥。

比如：我說日本統治台灣的最初兩年，日本官民移住台灣的不過一萬五千人；而中國收復台灣的最初兩年，竟有五十萬中國人湧進台灣。可是反駁書說日本投降時，台灣的日僑有三十九萬多人，所以我的數字不正確云云。這眞令人涕笑皆非。日本統治台灣五十年，從一萬多人增至三十九萬多人，這點道理他們都不知道，怎麼能拿最後的兩年來比最初的兩年呢？

魏主席最後論道：一、楊某違反了政府視察的規定；暗中調查的東西，不能算數。二、楊委員的見解偏狹，有排斥外省人的嫌疑；顯然楊某抱有政治野心，受共匪的煽動而揑造報告。

關於第一項，那是對張內政部長的抗議，與我無關。但第二項，那是對我的誹謗。這種誹謗手法，是國府官吏慣用的技倆。陳儀殺了數萬台灣人，却把罪名歸到台灣人身上，說他們具有政治野心，受共匪的煽動想要顚覆政府。

如今，我人在南京，魏道明對我無可奈何，但如果我再踏上故鄉土地之際，恐怕不會放過我。於是我在台灣選出的三十六名國大代表、十一名立法委員、六名監察委員當中，請數位知我者閱讀我的報告書，並請求他們支援我，萬一我被謀害的話。其中一位日大醫學部眼科畢業的劉傳來博士，讀了之後，對我大加讚賞。

一九四八年是國民黨政權多災多難的一年。四月上旬，第一屆總統選舉，蔣介石假心假意推荐北京大學校長胡適候選。胡適看透蔣介石的用意，萬一當選總統的話，也不過是蔣的木偶而已；再則中共若佔領了全中國，自己就要負全部責任，成爲歷史的罪人而遺臭萬年。聰明的胡適拒絕了提名。終於蔣介石如願以償，在中共代表無人參加，而國民黨代表四千人的投票下當選了第一屆總統。可是國民早已看穿蔣的「以退爲進」的國民黨獨脚戲法。

蔣介石於國民大會演講道：「半年內必定消滅共匪軍隊，讓中國大陸安定下來。」可是半年後的十一月二日，全東北最精銳的四十七萬二千國軍，幾乎不戰而投降了中共。此時，東北的90%，華北的80%面積，都落入中共的人民解放軍手中了。

二、國仇家恨爲難民

在日本帝國時代，沒有一塊讓我定居的寸土，想要回台結婚也不能如願。不得已來到南京謀職，也不得已和南京女子結了婚。

畢竟風俗習慣與教育環境的不同，我與南京妻子實在無法生活在一起，幾次想要離婚，但想到三個無辜的稚女，便心如刀割。

南京落入中共之手，已是時間問題。我若停留在此，可能被清算而死，萬一倖免於死，也將被洗腦。若攜妻帶子逃亡台灣，則幼弱女兒必死於人潮洶湧的道途中。

故宮機場每兩分鐘就有軍機起飛，掠過我家屋頂，金屬的轟隆聲震動著整個屋子，緊迫著我的心房。我將何去何從？只好夜夜藉高粱酒來麻痺神經，喝到胃出血，我還要喝下去。

國府的大木柱已被無數的白蟻蛀蝕成中空，外表華麗的大廈，眼看就要傾倒。可是蔣介石及其大官們仍然執迷不悟，爭權奪利，上下欺瞞，豈管小百姓的死活？

可憐被白色帝國（日本帝國）放逐的我，還要被赤色帝國（中共政權）放逐出去。只因生在台灣島上，就不容在地球上覓得安居之所嗎？移植的樹木每當就要生根，便又非移植一次不可。即使這棵樹不枯死，但期待它開花、結果，要等到何時？

回到荒廢的台灣島，還能活下去嗎？國民黨人已像蝗蟲一般橫掃台灣這塊土地；如今，這一省的土地和人民，又要養三十六省敗亡的人種，豈不叫台灣父老永不超生？

一九四八年十一月二十日，我向內政部長請了兩個月假期，攜妻帶小，離開南京，往上海過難民生活。在南京所蒐集的數千冊書籍和所有家具都丟棄了。鋼琴沒人要買，只好也丟下。在上海，以前我有兩架鋼琴放在朋友家裏，這次趁我來上海，就託楊肇嘉先生的公司，先運回台北。楊肇嘉是無黨無派人士，對中國前途還很樂觀。他說：「日本有百萬大軍，打國府軍打了八年，還吃了敗仗。劣勢的中共紅軍，怎能敵得過國府軍呢？」

可是我離開上海不到三個月，他也回到台灣了。他變得滿頭白髮，二子與三子都患了肺病。

在上海灘頭與船上，渡過了兩週的難民生活，終於十二月八日中興輪在豪雨中靠上基隆碼頭。難民人潮中，被侄兒們解救出來，暫時安頓於台北。爬行了一段漫長的人間地獄，其中苦楚，眞無法以筆墨描述。

三、台灣危機

當我們一家抵台不久的一九四九年一月二十二日，蔣介石引咎下野，李宗仁代理總統，總攬陸海空軍的指揮權。李宗仁與白崇禧麾下的西南軍（桂軍）的六十萬人，加上薛岳將軍的廣東軍五十萬人，總共有一百十萬國民黨大軍，準備於十月中在衡陽與寶溪間與共軍決戰。

一九四九年十月一日，中華人民共和國於北京宣布成立。

國、共衡陽決戰前夕，已下野的蔣介石竟然事前未通知李代總統與白總司令官，就密令薛岳將軍把五十萬大軍撤往海南島。因此白崇禧的六十萬桂軍被友軍扯了後腿，共軍乘虛而入，桂軍不堪一擊便潰散。蔣介石的作爲，又受到全國人民的指責。

十月十四日，人民解放軍佔領廣州，直逼海南島。蔣介石見情勢不妙，又將五十萬薛岳部隊撤往台灣。過去日據時期，日本駐台的正規軍平時只有五千人，如今一下子湧進五十萬大軍，根本無處收容。於是全島各地的寺廟和一千零九十九所國民學校，都成爲軍營。各小學分成二部制或三部制。初等教育大大受到影響。

這一年除了軍隊之外，從大陸湧進來的難民約一百萬人。加上以前駐台軍隊十萬人，和以前來台的大陸人五十萬人，總共有二百十萬大陸軍民擠在台灣島上。把大陸上的髒亂、傳染病、無知文盲、頹廢，統統帶進台灣社會，使台灣風紀大敗，基礎破壞，瀰漫了腐敗與罪惡。美麗島一下子變成了垃圾場。

凡是貪汚的官吏、吸人民血汗的官僚、落伍軍閥、反革命分子、特務、土豪劣紳等，若停留於大陸，必遭中共政權的淸算鬥爭，所以如秋風掃落葉，一起湧進台灣來。

日本投降時，台灣總督府以下的日本人公務員共約八萬五千名。日本人走後，這些職位當然不夠分配給大陸人，所以除了把台灣人公務員趕走之外，還要增設許多機構，讓二十五萬國民黨員安家。

蔣介石於下野之前，下令先把中央銀行的金塊（價值二億五千萬美元）運往台灣與廈門。爲此，一九四九年四月十五日的南京監察院會議，決議向蔣追回這筆國家財產，蔣不得已把放在廈門的一千七百萬美元的金塊歸還國庫。

如是，在雄厚的財力與六十萬兵力與二十五萬黨員的基礎上，於一九五〇年三月一日，蔣介石復位爲「中華民國總統」，定台北爲臨時首都。

而李宗仁總統把總統印璽携往美國，發表聲明：不承認蔣介石的總統復位，指蔣爲篡奪的僞總統，自己才是正統的總統。

可惜李總統的領土只不過一平方公分的金領土而已，無法落地生根。而蔣總統的勢力卻如雜草一般落地生根於台灣的土地上，雖然雜草蔓延趕走了稻禾。

可是台灣與澎湖群島也不是國民黨的領土。因爲日本戰敗時，只宣布放棄台灣與澎湖群島的領土主權，並未宣稱其主權屬誰所有。而太平洋戰爭中令日本屈服的最大力量是美國，當然美國對台灣負有絕大的權利與義務。因此聯軍太平洋最高司令官麥帥命令國民黨的陳儀將軍接管台灣，並非表示台灣主權歸國民黨所有，而只是暫替聯軍代管而已。

然而鑑於中華人民共和國的日益壯大，美國的對台政策搖擺不定，表面上放棄對台灣的權利，一方面又履行對台經援、軍援的義務。

蔣介石復位後一年，即一九五〇年四月，中共解放軍無流血佔領了海南島。是年一月起，從對岸福建省每天對台灣用台語廣播，對「蔣賊」作神經戰。

「中國人民解放軍必定解放台灣，誓必要血洗台灣。跟從蔣賊的反動軍人、反動政客、腐敗軍閥、反革命份子，一人不留都要受到懲罰。但對親愛的台灣同胞，我們絕不傷害一根毫毛。」

除了廣播電台的神經戰之外，中共海軍在上海以南的浙江省沿岸、福建省沿岸，結集了三萬艘機帆船。一艘機帆船乘十人，至少就有三十萬兵力準備攻台。

蔣介石及其親信當然有專機，隨時可以逃亡。但對二百萬大陸軍民，也要有個交代，所以下令大陸人的戶籍改為台灣，而台灣人的戶籍必塡寫祖籍福建或廣東；一方面叫大陸人要學習台灣話。如此魚目混珠，或可保全性命。

因此，台灣省議員郭國基在省議會上，嘲笑吳國楨主席道：「到去年為止是台灣人投歸祖國懷抱；但現在是祖國投入台灣人的懷抱！」

我被聘為教育部的特約編審，却叫我來教台語。六十五歲的次長以下四、五十名教育部高級職員都要來聽我的課。可是部長級以上的少數人不必學習台語，似乎準備隨蔣介石再度遠逃海外。因為毛澤東所提出的四十三名一級戰犯的逮捕令仍然有效，而這四十三名的一級戰犯大多逃亡於台灣島上。

所謂特約編審，原來是教育部聘請的教授。由於共產革命，全國三十五所國立大學教授約有千人流亡到廣州；廣州陷城之後，一部分逃往香港，再從香港逃抵台北的約有一百人。此時，台灣大學、師範學院（前台北高校）等六所大學已滿額，這些流亡教授沒有去處，於是教育部就以特約編審的名義聘請他們，發給薪水以儲備人材。正好以前在南京認識的杭立武次長昇任教育部長，也就把我一起延攬進去。北平師大鄧校長，年七十八的老教育家，是胡適博士的前輩，也在特約編審之列。發薪的日子，彼此就會碰面。

前此，在我返台不久，曾偷偷去拜會財政廳長嚴家淦。他屬政學系末流，爲人和氣，對台灣人也不會擺架子。聽說我以前得罪了魏道明，便自告奮勇要替我排解。一九四九年一月五日，約定三人面會，不料就在這一天，魏主席被罷官，換上陳誠當台灣省主席。

嚴家淦仍被留任爲財政廳長。台灣銀行是屬財政廳管轄，所以他把我介紹給瞿總經理，聘我爲台銀特約研究員。這是個閒差，地位與待遇等同經理。並配給我一棟狹小的日本宿舍。此宿舍位於南門市場附近，是戰前一位日本工友的宿舍，已腐朽不堪。我請求庶務課派人來整修一番，並自費在小後院裏增建一間澡堂。銀行送我一套沙發椅和一張辦公桌，我就把從上海千辛萬苦運回的鋼琴置於客廳。流落爲亂世的難民，而能獲此小天地，已令人心滿意足了。

四、白色恐怖

蔣介石的第一次反共政變發生於一九二七年四月十二日。數年內被殺戮的學生、教授、工人、農民共約七十萬人。當時國民黨軍獲勝，所以其肅清手段尚帶幾分陽謀性。

但這次敗退到台灣來的蔣介石，其自卑感與仇恨交織，所以其肅清手段既陰狠又殘酷。蔣介石與陳誠主席都公然宣稱：「寧可誤殺千人，也不放過一個匪諜。」這與文明國家的法官說：「一個人的生命比地球還重。」豈止相差十萬八千里？

國民黨原先在大陸的特務機關只有軍統局與中統局。但在台灣繁殖的秘密機關有三十六種。他們被賦與秘密逮捕、秘密拷問、秘密審判、秘密處刑的極大權限。一九六三年七月十九日的紐約時報報導台灣的秘密警察（特務）有五十五萬人，而我推算一九五〇年的特務約有十萬人。除了蔣介石本人與特務頭子蔣經國之外，沒有一個人可以保證自己的生命安全。

當時台灣人口一千萬，特務有五十五萬人，以此比率推算，戰前日本人口一億，照說要有五百五十萬的特務；可是最嚴酷的東條內閣時代，日本的特高與憲兵總計不過十八萬人。足見國民黨比日本軍閥嚴酷多少倍。

一九五〇年前後被肅清的大案件不勝枚舉。茲舉數例如下——

台糖公司沈鎮南，爲宋子文系人物，甚接近宋美齡夫人。他受中共指令，在中共攻略台灣之際，要保護糖廠不能遭受破壞。國防部次長吳石中將，以無線電暗通中共華東政治局，密傳台灣防衛軍的佈陣狀態。台電公司董事長蘇博士，受中共指令，在台灣攻略之際要保護所有發電所的安全。這些人都被單方面提出證據，在沒有律師的軍事特別法庭受審，隨即被鎗決。當然高官要職都是大陸人，自己的親信都藏有匪諜。

台灣人有蔡孝乾者，生於彰化市，北師畢業。他是參加毛澤東二萬五千華里長征的老幹部，如果中共解放台灣，他可能即被派任爲台灣省主席。他被捕時，報上報導揭發了他手下的大小匪諜約六百名。其中四百名爲台灣人。蔡被捕後十年間生死不明，但聽說他被利用做反間諜。其後，我看到國民黨特務機關發行的《匪情研究》的編輯委員中，竟有他的名字。

殺人魔王陳儀於一九五〇年十一月十八日被鎗決於台北近郊的碧潭。榮昇浙江省主席的陳儀，以「通匪叛國」的罪名被捕，捉來台灣審判定罪。三年前的二二八民變時，若把陳儀鎗決了，必可消去台灣的民憤。當時說他肅清「台匪」有功，把他昇官，而現在又說他「通匪」有罪，眞令人不可解。

在內政部與我同室服務兩年的李保謙，也以匪諜嫌疑被捕，收押於台北圓山收容所。李君畢業哈佛大學，曾任中央黨部交際課長，所以交友廣泛。有名叫李朋者，服務於美國大使館的宣傳部，因有國際共黨間諜嫌疑而被搜查，不幸在他桌上發現李君的名片，這是他被捕的唯一證據。我甚知他是好人，是民主主義的信奉者。連這種人也是匪諜，則天下哪個人不可以匪諜？恐怖的陰影漸漸逼近我的身邊，令人坐立不安。

這年六月二十五日，朝鮮戰爭爆發。杜魯門總統於兩天後，下令第七艦隊防衛台灣。這個東亞激變，帶給了蔣政權的起死回生的良機。

在南京時，那些地位遠遠低於我的蔣集團人們，來台灣之後，個個昇得又快又高，又不是他們有多大才幹，可叫人不平。看樣子，我只能參加競選才能勝過他們，因爲外來的大陸人沒有選民。但要競選縣市長得花一百萬元，競選省議員至少也得花十萬元。我沒有這筆大錢，便去做台中縣的縣長候選人陳醫師和縣議員候選人林社長的助選員，一方面建立地盤，一方面探查農村的實情。

正與陳醫師在鄉村奔走之際，收到台北美國大使館某高級外交官來信，告訴我國務院非公開招考二十名留學生，他推薦我參加。和陳醫師商量之下，他認爲這是好機會，勸我趕快北上。

我即北上會見美國外交官，打聽實情之後，就開始準備英文。每天苦讀十小時，從各種英文名著中，抄錄了一萬多句，反復背誦。過去用中文寫成的《歷史週期法則論》原稿，因戰亂而無法出版，這次帶去美國英譯出版，是我的最大目的。

過數月，去美國新聞處（USIS）參加口試。考官是A處長和一個中國雇員姓饒。短短五、六分鐘，敘述赴美的目的與研究計劃，草草結束。

結果發表，我落榜了。發表當天，正好A處長離職返美。我去找推薦我的外交官，他非常驚訝道：

「He was gone！」然後沉默片刻。

二十名的應試者，只有我一個台灣人。聽說A處長的太太是燕京大學畢業的中國女子，非常親中國。姓饒的雇員每人收賄五百至一千美元，否則就被打下來，我想這是中國人慣例，不是空穴來風吧。

大概顧及外交官的面子，把我列於候補。候補者除了我之外，尚有五、六個高官的女兒，都只有高中畢業而已，結果都出國了。

後來有位新到任的副處長名叫湯母遜，生於北京，在中國住了十一年，但反國府而親台灣人。他得知我的情形，便詰問饒道：

「你說楊某的英文不好，但我不認為這樣呀。」

「不，楊某對留學美國不太熱心。」

眞是天曉得。反正敗亡的中國人全身都腐爛了，只有三寸之舌不會腐爛。

出國不成，又失去參選機會，我飄浮於空中，茫茫無所適從。

一九五一年度的佛爾布萊特基金的留學考試的機會降臨了。台灣銀行三千名職員中，初試結果，我考了第二名。第一名是個年輕的上海人，英文程度相當好。可是，臨時又說規定更改，我的資格不符，硬不讓我參加正試。不止是我憤怒不平，同樣大陸人之間，也爲了爭相把子女送出國，而整天明爭暗鬥，互相攻擊。

一九五二年，我又參加一次留美考試，又告失敗了。

總共三次的挑戰，三次的絕望，已令我身心交疲，日日藉酒澆愁。

五、衝出鐵幕

在中共廣播要殺盡國民黨殘敗份子的半年間，國民黨人對台灣人稍爲客氣。但第七艦隊一旦防衛台灣海峽，他們的態度又恢復故態了。

戶籍的出生地又改爲原先的大陸省縣，台灣話也不用再學了。

「一年準備、二年反攻、三年掃蕩、五年成功。」這樣押韻的口號，到處齊唱。幻想著憑靠美國的力量，就可反攻大陸，消滅北京政權。

可是最近美國大使館規定公費留學生的錄取比率爲台灣人八比大陸人二，這下子又偷偷把子女的出生地改爲台灣。眞是五千年滿口仁義道德，其實就是沒有廉恥。

以前在南京出版的《文化教育學概論》，評審委員許教授評分九十六點，現在我要求復版，但同樣的許教授評審，這次卻只剩六十分，而不給我出版。中國人的價值觀是隨時隨地在變的。

戰前的五十年間，台灣人已受夠了日本帝國的差別待遇，戰後又要受國民黨帝國主義的不平等待遇。至此已忍無可忍了，我決心做最後努力衝出鐵幕。

既然公費出國不行，就改由自費出國。自費出國也要通過留學考試，我向教育部國際文教處長問具有教授資格的人也要參加留學考試嗎？他說也一樣。我再去找教育部長程天放論理，他高傲無理，說一切照規定。我再找行政院副院長張厲生，此人一變過去的公正態度，也不理睬我。

聽說有高官子女不必通過留學考試，就以天主教朝聖團出國。我便去內政部民政司申請以宗教哲學研究的目的出國。起初課長說有可能，但看我沒有塞紅包，就把我退件了。

所有的出國路都行不通，最後只剩探親出國一條路了。昭和十六年，歸化日本的弟弟在大阪當律師。護照之外，還要一張七個特務機關組成的審查機關而由台灣警備總司令部簽署的「出境證」。這些秘密機關暗中調查申請者的思想與行為，只要有一個單位不許可，申請者就免想出國。

為了通過這鬼門關，我不知來回跑了幾百趟，每次都滿懷恐怖。為了要送紅包，我賣了鋼琴和所有能賣錢的書畫，才拿到「出境證」。

第五章　廖文毅的假獨立運動

一、法務省的入國管理局

一九五三年十二月八日，我隻身抵達岩國機場。離開日本十四年後再度踏上日本國土。說也巧合，五年前（一九四八）的今天，我從上海登上基隆。

機場的入國管理所官員看到我的護照上寫「探親」，便蓋了兩個月的停留期間的橡皮印。照規定探親期間是六個月，但不問緣由就給我蓋了兩個月，而我因爲在台北機場出發時受到特務跟踪，心裡慌張，心想只要能入日本就好，所以未加抗議。沒想到這個兩個月的印章，帶給我日後停留日本延期手續很多麻煩。

原先我在台北取得護照之後，帶了一部分漢文原稿拜訪了日本大使舘的清水董三公使。清水公使是舊知，聽了我的赴日目的，甚表同情，他說戰後日本百廢待舉，無法提供給我研究費，但至少應該讓我安心居住。於是他給我簽了 4—1—16—3 的簽証，這是永住資格的號碼。

我在大阪的弟弟家裏停脚幾天，和大阪、神戸一帶的舊友相會，大家的話題中最感嚴重的是日本停留資格。和平條約後，日本收復了主權，嚴峻地執行入國管理法。有人勸我不得已時就去躲藏起來，日本政府也不易找到人的。弱小民族的台灣人，可憐到這地步，眞是可悲可哀。我再落魄也不願幹這種違法的勾當。

我心一急，便上東京，求見入國管理局審查課長，懇求修改兩個月的入國許可。課長說我誠意遵守法律，可以考慮修改。可是第二次去拿文件時，這位課長却變如他人，不但不給我修改，而且暴跳如雷，使我莫名其妙。

「你若不服，可以去法院控告入管局！」

這是他的結論。我只好另尋別徑。

我去探訪東京教育大學柴沼校長，請他寫了幾張証明書，分寄入國管理局、美國各大學、台灣教育部。柴沼校長出身於東大法學部，曾任文部省社會局長，是有雅量的人格者。以前教育部不給我赴美的許可書，現在由於柴沼校長的一通証明書，就准許我留美，眞是中國人的奴隷根性。憑教育部的文件，我去國府駐日大使舘申請得到了赴美的護照。

取得留美護照之後，入管處規定兩週內要離開日本。幸而哈佛大學與加州大學都發給我入學許可了。一切條件都齊全了，最後只欠東風——三千五百美元的存款証明。

因為是自費留學，所以要自備三千五百美元的學費和生活費，給美國大使舘看一眼。其實這也流於形式，大家都是借錢來存進銀行，存款証明一旦給美國大使舘過眼之後，就領出來還給人家，而後去美國打工讀書。除了高官子弟不用打工之外，哪個留學生不打工？

我身上備有二千三百美元——這是來日之前，親戚朋友籌給我送行的。尚不足一千二百美元。弟弟除了做律師之外，還投資各種生意，財產上億，一千二百美元對他來講眞是九牛一毛而已。可是在日本住久了，已變成冷血動物，毫無兄弟情誼。就算救濟我一千二百美元，也不算多，何況我保証會還他，可他竟一毛也不借我。自己的親弟弟都借不到錢了，還能向誰借呢？

正在籌款之間，法務省已下達強制出國的命令了。不過為了我出版論文，特准假釋一年，每月要辦理延期手續一次。為了怕我逃亡，除了柴沼校長的証明之外，還要一個做事業者當保証人，該保証人要出具營業証明及納稅証明。這眞是難倒我了。我哪裏去找一位公司的社長呢？

結果我被法院起訴了，罪名是「非法居留」。交了五萬圓保証金，幾次被命出庭受審，檢查官窮追不捨。最後判決徒刑三個月，三年緩刑，並罰款三萬圓。律師強調我的留學目的，不但不是非法之徒，而且是日本政府應以貴賓相待的學者，至少應該免除三萬圓的罰款。但終歸敗訴。

二、獨立欺詐師廖文毅

朝鮮戰事結束後，台灣海峽情勢緊張，美、中戰爭一觸即發的狀態。

我整天爲了緩刑、居留延期手續，找保証人，拜託律師，出庭，東奔西跑，馬不停蹄。只恨這地球上找不到容身之所，但也要設法在日本達到我出書的目的。

一九五四年秋，一位台灣實業家人士邀我參加「亞細亞懇談會」。席上，第一次見到以前就聞其名的廖文毅。知道他在神田的YMCA租了一個房間，招集台灣人遊客及市井無賴，展開台灣獨立運動。時當浙江沿岸舟山列島與福建沿岸的馬祖島及金門島，不時受到中共解放軍的襲擊，國民黨的情勢險惡。某天，我畏畏縮縮地打電話給廖文毅，問他對時局的看法。

廖於電話中長談一陣之後，叫我去YMCA面談。在台北，我已飽受恐怖政治的威脅，心有餘悸，豈敢輕易去見他。但經不住他的甜言蜜語，終於去見了他。

我說明爲了著作出版與學術研究而來日本的經過。廖聽了我居留有問題，就勸我參加獨立運動，向法務省申請政治庇護，必可獲得居留權。

「我隨時可以開具獨立黨員証明書，給法務省的入國管理局。戰前勅選貴族院議員的林獻堂先生，做爲民主獨立黨顧問的名義，由我開出証明書，才被承認居留資格。其他還有很多例子。」

這是他對我欺詐的第一步。

第二次去YMCA請廖出具証明書時，他就拿出入黨申請書，要我簽名蓋章。要不簽名，就不出具証明書，這種半強迫，令人不愉快。我考慮甚久，才答應做爲秘密黨員。取鄭成功的鄭姓爲姓，又因我被日本人和中國人雙方所排擠，所以取名爲「逸民」。於是我在入黨書上簽署「鄭逸民」。可是廖說「楊逸民」較好，就再改簽一張。我宣誓以秘密黨員身分，盡力爲台灣島民謀福利。

可是賣名的廖文毅以我爲踏板，旋即於一九五五年九月一日成立台灣臨時議會。一九五六年二月二八日成立台灣臨時政府。身爲中央委員兼宣傳部長的我，事前都未與我商量，廖文毅就僭稱爲台灣臨時政府大總統。

此日下午四時，賣名總統印了一萬五千張新聞號外，十數名自稱議員的人分手在東京各鬧區分發號外。我與二三同志在澁谷站發報，被警察抓到。因未報備而散發不當文書。

創設臨時政府或就任大總統，都是廖一人自導自演，連身爲中央委員兼宣傳部長的我事先都無所聞。

廖開給我的政治亡命証明書，送去法務省入管局申請再審查時，始知廖的証明書根本無效。我仍被判「強制出境」。

我雖化名參加獨立運動，但一旦露面，也逃不過國民黨的耳目。國民黨特務的影子彷彿隨時都在我身邊。

廖大總統爲了遂行詐欺與獨裁，只好吸收右翼暴力團的遊民於其傘下。這些人大多中學程度以下，但爲了給他們掛名侍衛長、秘書長、右大臣、左大臣，就不得不僞造學歷，或稱某私立大學肄業，或稱香港大學留學，來欺瞞日本人或美國人。

早前，京都一帶有各種台灣人反國民黨團體，一九五〇年二月二十八日合併成立台灣民主獨立黨，推舉由香港潛逃來日的廖文毅爲黨主席，京都大學出身的藍國城爲副主席，吳醫師爲宣傳部長。有一日人名北邊，出資數百萬圓讓廖與藍合作經營「派進哥」店，其收益做爲政治運動金。但廖與藍雙方爭奪利益，有一天廖方奪走金庫，並拐誘京都美女的店員逃往東京。此事傳開後，不但被國民黨特務嘲笑爲「獨立匪」，且令台僑們大失所望。

一九五四年十二月，吳醫師當選台灣民主獨立黨主席。吳主席要求黨員嚴守紀律，重整黨紀；但黨內良莠不齊，且有國民黨爪牙潛伏，攪亂黨內團結。吳主席決定清黨之際，反對派的曾炳南、鄭萬福、鮑瑞生等人宣布脫黨，另組「民政黨」。是謂「伊東事件」，時一九五五年春。

同年九月一日臨時議會成立時，廖文毅承認了民政黨的議席；翌年二月二十八日臨時政府成立時，廖大總統又任命民政黨的曾炳南爲財政部長。不久，曾部長以販賣痲藥被捕，才暴露了民政黨是國民黨的傀儡本質。

國民黨特務包圍我，想把我逼入窮困之境，迫我投降。廖文毅只會利用我做踏板，從未在金錢上資助我分文。甚至被他利用爲賣名的工具，替他寫了《台灣民本主義》的原稿四百張，只付給我二千圓的稿費。照行情，他只付了兩張稿費而已。

廖兩次赴美，說是要去聯合國演講，連吳醫師等重要幹部都信以爲眞，寄予滿懷的期待與夢想。但我與佛爾布萊特有通信，知道不是那麼一回事。心想這個欺詐師大總統實在無法領導台灣獨立，便乘他旅美之際，我寫了離黨書，以掛號寄去黨本部。

一九六一年我離黨之後，一九六三年吳醫師也與廖文毅訣別了。

其後，廖陷於孤立狀態，殘餘黨員不過是烏合之衆。廖在怨恨同志背叛之餘，只好於一九六五年五月十四日投降了國民黨，返台做官去了。

東京大學與早稻田大學有一群台灣留學生，這四、五年來漸漸形成一個新面貌的政治團體，活潑地展開獨立運動。他們推舉了王育德爲委員長，發行了《台灣青年》雜誌。

這位王君，我曾於國際學會見過他兩三次。他於二二八民變時從台灣逃往香港，與廖文毅相處將近一年，兩人個性不合，所以來東京以後，互不相干。但看到這一群優秀的留學生漸成氣候，獨立旗幟高揚，廖一派未免嫉視而反目。當時，我爲了整合反國民黨力量，曾遊說了王君，也請他來廖這邊演講，一時似有合作傾向，但還是與廖體質不合，終於分道揚鑣而去。

廖文毅投降之後，臨時政府雖暫時還存在，但台灣獨立的主導權顯然落在《台灣青年》一方了。

第六章 受難的年代

一、小竹教授的詐欺行為

一九五五年至一九六一年的六年間，我除了受廖文毅的欺騙之外，也受了小竹文夫教授的欺騙。我眞是倒了一輩子霉，同時遇到這兩個大騙子。

小竹年輕時在上海住了二十六年，上海同文書院畢業後，入京都大學東洋史學科，畢業後赴任同文書院教授，直到日本投降。戰後，小竹回到日本鄉里，遊盪了一年半，攀附了當時當文理大學兼東京高師校長的U教授，被採用爲東京教育大學與文理科大學的教授。

我來東京以後，就把過去在南京所寫的漢文稿《歷史週期法則論》譯成日文，並增加新資料，補寫緒論與結論，總算完成了一本完整的著作。雖是自費出版，也要借重有名出版社才會受到重視，因此我就拜訪前校長U教授，請他寫介紹函給出版社。U教授於一九四八年辭去文理科大學校長之後，就任某私立大學教授。

以前我也聽過東大宇野哲人教授的課，對他的人格與學識深爲敬佩。他自東大退休後，就任實踐女子大學校長。我去拜訪他時，他說隨時樂意爲我推薦給出版社。可是我竟眩惑於U教授的地位，以爲他的影響力大於宇野教授，這又是我的誤算，一步踏錯終身後悔。

我持了U教授的介紹函和文稿，往訪弘文堂出版社社長，說明自費出版的主旨。弘文堂出版社把我的文稿轉給審查員小竹文夫教授。一週後，弘文堂出版社把文稿退還給我，並附了小竹審查員的意見如下：

1. 對歷史的看法過於平板。

2. 史實有錯誤之處。

3. 日文拙劣，若要出版，必須全文改寫。

對他的評語，我心有不服，但他後來又來信說我的著作可以申請文學博士的學位，於是我就正式辦理東京文理科大學的博士班入學手續，小竹文夫成爲我的指導教授。

入博士班以後，始知他以博士爲餌，意圖釣我的錢（天知道我的存款已快見底了）。他說要全部改寫我八百張的原稿，得花數十萬的酬金。我當然拿不出鉅款，但也經常送洋酒，請吃飯，儘量做到不失禮的程度。可是，最後我花完了存款，而我的原稿仍然隻字未改。

接近他之後，始知他的思想右傾病極爲嚴重。他與高山某與安岡某兩個右翼反動派是手足之情。我的史觀立論於民主與自由，既反對右翼獨裁，也反對左翼獨裁，所以與小竹的極右翼格格不入。

有一次，小竹說要在反共雜誌的《新論》上介紹我，我便撰了〈秋季的革命〉一文，他看了說：「你的思想左傾，有問題。」一個大學教授竟然干涉別人的思想，這在戰後日本新憲法下，是不能容許的。

他又一再強調只要他點個頭，弘文堂出版社就會出版我的書。我一廂情願地以爲只要討好他，就可以免繳出版保證金，所以不惜交際費，送禮、請吃飯在所不惜。但一旦要求出版時，他就說沒有三十萬的保證金，他是無法向弘文堂出版社開口的。這眞令人大失所望。

二、論文審查被拒

我重入學籍的目的是要出版著作，但既然有資格取得博士學位，我也不願放棄。

有一天在研究室裏，我向小竹教授提起論文審查的事，他說：

「你急着要論文審查嗎?但一年才繳六千圓的審查費，審查教授有三個人，一人也不過二千圓，這怎麼……」

意思就是說要買個博士學位不是那麼便宜的。這話出自國立大學教授的口，實在大掃學術與大學的威信。

我無意要買學位，但大學研究科的最長年限爲五年，一旦退學之後，可再申請入學二年，則前後七年，我的論文審查費就可累積到四萬二千圓，應該也不算少了。

實在窮得沒辦法了，只好請小竹教授給我一點工作。他就指着桌上堆積如山的圖書館卡片，問我幹不幹抄寫工作。抄寫工作枯燥無味，我還是用大包袱把卡片包回家。

年近五十的我，背着大包袱，走過朔風刺骨的街道。每天挨着寒風吹隙的窗前，從早抄到晚，一天抄十二小時，機械性的工作，比幹勞力工作還苦，邊抄寫邊暗自掉淚。整整抄了兩週，得到一千三百八十圓工資，平均一小時十六圓，眞是比麻雀的眼淚還少。

小竹說我的原稿中有史實的錯誤，這一點我不能不小心，於是花了三、四千圓的禮品，請另一位東洋史教授給我過目一下。這位先生也沒有推辭地收下我的禮品。過數週之後，再去取回原稿時，他說他才讀了十頁。讀十頁原稿頂多花個十五、二十分鐘就夠了。我算是繳了世界第一貴的學費了。

我爲了學習英語，這幾年來一直去東京原宿的國際教會參加禮拜。這裏有百名以上的歐美人聚會，萬一我被蔣家特務暗殺，也有這些外國信徒替我究明眞相，討個公道。拉西爾牧師很親切，要把我介紹給國際基督教大學的特勒耶副校長，看能否謀個教職。但牧師說副校長恐無法評價我的學說，最好找該大學東洋史U教授寫個推薦函，或許有希望。

我眞喜出望外，即刻拜訪U教授，說明來意。詎料U教授冷酷無情，虧他在上帝的大學教書，一點也沒有愛憐人的胸懷。

特勒耶副校長叫我找指導教授小竹文夫出個証明也可以。也許是小竹的良心發現，寫了一封推薦函，全文如下——

關於楊杏庭君的業績

查楊君於昭和十四年（一九三九）三月畢業於東京文理科大學哲學科後，居住中國七年餘。昭和二十九年（一九五四）入本校研究科，專攻中國哲學、中國史學，著作歷史哲學論文「歷史週期法則論」。該論文廣泛綜合歷史現象，論証國家盛衰的週期波動之法則性，實富意味。雖然距離論証的完成尚待一步之努力，但向來尚無一人從事此種研究，就此而言，極具獨創性的特點，謹敢推重其優秀性。尤其對自由民主主義的政治形態，企圖賦與新的學術根據，特別值得注目。

此致

國際基督教大學

副總長特勒耶博士

昭和三十二年（一九五七）三月三日

東京文理科大學
及東京教育大學　教授　小竹文夫

在我將此函送出之前，我特地把它拍攝下來，以備他日作証之用。

結果，基督教大學謀職未成，但憑此函，弘文堂出版社不得不答應要出版了。好歹本書之出版也是沾了小竹的光，所以請他寫序。不料，他的態度又突變了。十一月二十四日回信道：

「關於序文一事，小生雖承諾過，但考慮出版社的銷路，當以U先生最理想。我寫的話，有損銷路，恐出版社也不會贊同。至於博士論文一節，小生當儘量努力，但內容係以哲學爲主，做爲歷史論文恐難通過。」

誘我入籍於他的研究室，吃了我多少錢，繳了數萬圓審查費，現在才說我的研究屬於哲學範疇，這不是前後矛盾嗎？

我的出版不能順利，論文審查不能順利，歸根結底，其實是國民黨特務在背後破壞。我知道特務整天都在監視我，企圖把我推入貧困的深淵，使我走投無路，自然就會投降國民黨。上次基督教大學的謀職事，也是宋美齡來國際教會舉行她孫女的婚禮後，副校長的態度就突變了。

即使與我關係密切的台灣人，也得到香蕉、木材的輸日特權之後，就與我杯葛；有的台灣人不知吃了多少錢，便甘作走狗，公然來勸我投降。我堅決抗拒到底。如今，怕我出了書又拿了博士學位，必會對留學生產生不良影響，非千方萬計阻擾我不可。

既反共（是否眞反共我很懷疑）又貪小便宜的小竹文夫，國民黨要收買他是輕而易舉的。所以他一再變卦，都不覺有傷自尊。以前說願意替我寫序，現在又說有礙銷路；以前說我專攻歷史，現在又說我專攻哲學。

我的入學許可書上，明明記載指導教授爲小竹文夫。指導教授規定爲論文審查的主審，他却故意曲解學規。我致書表示抗議，他於一九六〇年一月五日回信辯解道：「我請你來我的研究室，目的是研究你論文中的歷史事實有無錯誤，當然這是我的指導範圍。但你的論文偏重法則性的探討，這是哲學範圍，非我所專，我僅推重你的獨創性，無法憑此判斷你論文的價值。並非你的論文沒有價值，而是我沒有資格判斷其價值。」

這話不知從何說起？徒令我火上加油而已。

弘文堂出版社答應半年內出書，結果拖了三年多，至一九六一年三月五日，才寄來五本樣品書。一看之下，才知道我最主要的〈歷史週期圖表〉沒有印進去。書中的所有文字都是爲了論証這張週期表而寫的。如今，有文字而無圖表，就像有人體而無人頭，我的學說就死定了。

我急得一刻也等不住，從神戶坐夜車趕到東京。在弘文堂出版社東找西翻，也找不到圖表。原稿是由小竹交給出版社的，不在出版社便在小竹手上。但小竹說已交出去了。

等書都印好、裝訂好了，小竹才說圖表又跑出來了。弘文堂出版社答應補印一張紙，要折疊、要貼由我自行處理。我氣得七孔都要噴血！

小竹一方面拖誤我的出版，讓我無法按期提出論文審查；一方面故意把審查責任推來推去。最初他把責任推到哲學科的S教授，被S教授拒絕後，又推到倫理科的大島教授，約我面談十分鐘。一週後，大島教授來信，說依內容而言，還是小竹教授較妥。以後小竹又推到社會科、日本史學科，都被踢回來了。如此，表面上很爲我的論文審查而奔走的小竹，骨子裏面是怕我趕上期限。

一九六一年三月三十一日，舊學制博士論文審查申請截止。同年六月十八日，週期圖表才印好。

但我仍設法在截止前提出論文了。

三、此恨緜緜無絕期

一九六一年五月二日，收到文理科大學校長名義的通知書：「本大學沒有審查台端論文的適當教授。」

我出書的費用都是關西的台灣朋友們捐款贊助的，其目的是要給我拿到博士學位。如今接到最後通牒，我如何對朋友們交代呢？這令我肝膽碎裂。我決定要去東京地方法院控告小竹文夫。

我即刻找中口律師商量。中口律師於戰前在台北高等法院任判官時，頗能維護台灣社會的正義。聽了我的遭遇之後，表示我可以勝訴，並勉勵我一番。

但訴訟的律師費昂貴，而且這時我住在神戶，往返東京的車費就相當可觀。所以我印一小冊子，題爲「控訴小竹文夫的詐欺行爲」，準備委託律師提出控告。

六月十八日，書籍和週期表用貨車運來了。我將長長的一張圖表折成書頁大小，另外裝於紙袋中，夾於書中，另附上控訴書，分寄給日本學者、政治家、評論家，共一百五十冊。另外寄贈歐美各大學及學會，約五十冊。

日本人各界人士約有一半回信。其中最賞識拙說的是京大的猪木正道教授和朝日新聞的主筆森恭三。森主筆還派了記者來調查控訴書中的具體事項；朝日本社的研究室主任近藤俊清是舊知，也來信頗表同情。東北大學的阿部教授看了控訴書不禁掉淚。也有三、四位日本學者於回信中附了一兩千圓的書本費。如日高信六郎附了一千五百圓；U教授附了二千圓，本想退還他，但暫且保管下來，等日後當面與他絕交時丟還他。

京大的吉川幸次郎教授用漢文回信，讚賞拙說有新味而「世人不察」。以前教過我西洋哲學的高坂正顯教授，看出拙說的「獨特性」。

大多數的人只關心我的控訴書，反而忽略書本的內容。教育大學的朝永振一郎校長以下五、六位教授都該收到我的書，但沒有一人敢仗義直言。

台灣獨立運動志士們，我約寄給十個人，其中只有王委員長回信道：「過年過節，送指導教授禮品，是人情之常；交際請吃飯，也是你自己心甘情願的。事後再來計較討人情，未免太小氣了。」

六月下旬，我帶了五十册控訴書和二本著作，往訪教育大學學生自治會，請他們代爲分發。然後往訪黃律師，請教控告小竹的手續。

黃律師於舊制一高理科畢業後，入京大法學部，高考司法科及格後，就在台北高等法院判官。現在東京開業律師。他說：

「讀了你的控訴書，知道小竹教授毫無誠意。他不能不負道義上的責任，這是很明顯的。但要以法律治罪，恐怕証據不夠。最好你再查証一下文書，如果有明記論文主審是小竹教授的話，則勝訴的可能性很大。」

我問律師費要花多少，黃律師避而不談。三月六日上京來找週期表，花了一萬五千圓旅費；印控訴書又花了一萬五千圓；這次帶五十册控訴書來散發，又花了一萬五千圓旅費。合計花了四萬五千圓，這對失業中的我而言，已經把錢包絞出血來了。

黃律師談起旅日的朝鮮人團結一致，發揮了強大的政治力；但台灣人都各自爲政，顯得無力感。最後，他表示同情地嘆道：

「嘛，這種無聊的訴訟，我看你最好罷手吧。」

我只好向金錢低頭。呑下悲淚，告辭了黃律師。

回到神戶，接到台北寄來的家書說：就讀初中三年級的女兒營養失調，患了夜盲症，恐有失明的危險；就讀初中二年級的三女兒，得到全校英語朗誦比賽和國語演講比賽的雙料冠軍，但也因營養不良，而有肺結核的前兆。

想起我來日本時，一個六歲，一個五歲，而今已成少女了。以前我在家中，經常用鋼琴彈奏貝多芬的「月光曲」、「愛麗斯」或第九交響曲的第四樂章；蕭邦的「圓舞曲」、「即興曲」等，女兒們也跟着合唱。

我離家後，偶爾在吃晚飯時收音機播放她們聽熟了的樂曲時，便頓時緊張地傾聽道：

「那是爸爸常彈的曲子。」

姊妹相視而掉淚，便連飯也不吃，就寫信給我。

如今，我把心愛的鋼琴賣掉了，留下心愛的女兒在台灣。而所變賣的財產，爲了印一本書早已花得精光了。

來日後，每年聖誕節，走在街上就聽到聖誕歌，就想起小女兒愛唱「平安夜，聖善夜……」，於是我就邊走邊掉淚。

有時看到八、九歲的小女孩，也會情不自禁地掉下眼淚。

現在，兩個成長中的女兒都營養失調，急需我寄錢回去，而我去哪兒找錢呢？……

……………………………

第七章　後記

一九六二年某日，我去京大參加學會時，貝塚教授告訴我，始知小竹文夫因癌症而死亡，距退休年齡尚有數歲。眞是上天有眼。

※　※　※

一九六一年夏，賴謝和教授任駐日大使，我寄了一本著作給他。七月三日，他回信答謝我。並說早前我申請哈佛大學入學許可時，所寄去的資料他有引用討論於自己的著作中。當時我只寄了週期表和簡單的說明而已，不料，賴謝和博士和費本克教授合著的《東亞細亞》鉅著中，竟大胆的評價拙論，眞是做夢也沒想到的榮幸。

※　※　※

近數年來，蔣政權強化兇暴的外交攻勢，向日本政府活動，使入管局一連串強制遣送政治犯返台。呂傳信於強制遣送前夜，於收容所上吊自殺。暗殺陳誠副總統未遂的郭錫麟也被遣送回台。

一九六八年二月，在夏威夷大學完成碩士課程而來東京法政大學研究的陳玉璽，因在夏威夷參加反越戰示威遊行，也被強制遣送。

同年三月二十七日，入管局警備官強行押送柳文卿上中華班機，柳文卿抗拒登機，台灣青年獨立聯盟員與警備官打鬥，欲解救柳君，雙方搶人之際，柳君咬舌以示抗議，血濺全身。

※　※　※

一九六〇年五月，日本全國大學生反對「美日安全保障條約」，爆發「安保鬥爭」。東京都立大學教授竹內好先生憤懣日本主權未立而辭職抗議。竹內先生爲著名之中國學者，魯迅研究之專家，與我同時代人。

我看了報紙報導他的辭職抗議，更佩服他的不爲五斗折腰之高邁節操。我有幸與他結識成知交，並將我介紹給德間書店編輯長竹本容三先生，催我撰述本稿。

一九六八年十二月十二日，本稿完成。

希後人在我的墓誌銘上寫着：

「生下來，受恥辱，而後死去。」

（全文完）

附錄一：

不堪回首話生平

楊逸舟

前言

張良澤先生慫恿我寫出回憶錄，但是我一想，覺得太不敢當。因爲我回想一輩子，一切都與功名富貴毫無關係，都不值得記錄下來，倘若勉強寫下來，讀者們一定會覺得這種無聊的日常瑣事，何必多此一舉？

英國現代戲劇作家蕭伯納（Bernard Show）於獲得諾貝爾文學獎時，他說：「舉凡什麼回憶錄一類東西，大約九成都是粉飾的。易言之，大部份都是不實的謊言。後生年輕人也許會給作者騙得過，惟至於當代同輩人豈能被騙得過去呢？從而一定會紛紛招來反感的駁辭而已。」

舉一個例子來說吧。有兩小册《楊肇嘉回憶錄》（民國五十六年二月台北三民書局出版），一旦問世，他的弟弟楊天賦就從台中縣清水鎭寄出了很多的反駁信札給神戶大阪一帶的台灣同鄉們，指出楊肇嘉的不實之處，來打破他吹的大牛皮。（按：法國有一個寓言，說一隻青蛙想鼓得像牛隻那般大，因而拚命把它的肚皮吹得膨脹起來，但是途中肚皮破裂而死掉了。中國話的「吹牛皮」是否由此寓話而來，不得而知。）楊天賦是親生子，肇嘉爲養子。

對於楊肇嘉回憶錄的反駁信，我却沒有看過，只是聽着淸水鎭的同鄉會長徐燦生氏的話而已。《楊肇嘉回憶錄》的內容，我雖拜讀了兩次，可是我指不出來它的眞假。

然而對於楊氏我有一個經驗。就是於一九四七年台灣爆發了「二二八民變」時，居住上海的台胞們舉行了會議，商討要向南京中央政府提出彈劾陳儀長官的陰謀及其對台胞的暴行大虐殺的抗議書。那時我在南京內政部擔任小差事——職位是排在部長下面第六位，那是張厲生部長有意提拔我的措施。那時楊肇嘉向二十多位台胞宣稱：「我資助楊杏庭（逸舟）三年學費，他才能畢業東京文理科大學。可是楊杏庭這個人忘恩負義，都不知報恩。」他強調說我「忘恩負義」，後來我就當面向他提出抗議，他却說：「哪有？哪有？」——就是說他沒有講過那樣的話。

我於昭和十四年（一九三九）大學畢業即告失業，從而想到中國大陸去謀生。沒有五十圓的旅費，想向楊氏借用，他却推得一乾二淨，說沒有錢。後來有一位留學東京高師的中國東北人，大名王維哲氏，在中國是一個大地主的子弟，他便拿出五十元給我做旅費。他的慷慨解囊，使我一生難忘他的恩情。

有一位台胞名黃天憐君(號碩剛)，他是高師生物學系的學生，後來轉讀名古屋醫大畢業。他說：「幹伊娘，肇嘉敢講伊沒錢噢!?」人生處在急難之際，句句話我都記得清楚。

肇嘉連五十元的旅費都拿不出來，所以他在上海講對我資助學費，且罵我「忘恩負義」，實在是謊話且侮辱我，因而我忍不住對他提出抗議。

那種虛僞的謊話是會傷害別人的人格，而欲誇示自己的偉大，然而只是虛構而已。

楊肇嘉因那種「失德」，是故他的長子基屯，在早大的附屬中學每年都落第，而每次落第就要換一個中學，一共換了五個中學才勉強畢業。基屯又把肇嘉的二千石租穀的財產，自台灣頭玩到台灣尾，統統花光了，楊肇嘉却沒有辦法去管教他。

他的次男及三男又都患了肺癆病，天天躺在床上。我曾經到他們府上慰問他倆的病況且鼓勵振作奮起。

第四子較爲可取，留學美國後，似乎現在尙留在美國吧。他的兩個女兒比較乖順，一個嫁給彰化銀行董事長吳金川氏做夫人。

楊肇嘉曾擔任過吳國楨省主席下的民政廳長。那時他提出一個條件，要求吳主席起用吳三連爲台北市長，吳國楨只得答應了。

然而吳三連氏卻不肯就任台北市長，東逃西走而去隱避在羅萬俥董事長的人壽保險公司的會客廳。我偶然去該公司，吳三連氏喚了我的名字。

我說：「楊肇嘉不是要請您擔任台北市長嗎？您怎麼還躲在這裡呢？」

他說：「我現在和楊蘭洲籌備設立對日本的貿易公司，不想去做官呀。」

他似乎有些「邦無道、富貴可恥」的自覺，所以逃開吳國楨派去的蹩脚特務的尋找。

楊肇嘉擔任民政廳長，有一句話說得很值錢。他在高雄市演講時，說：「你們選舉縣市長的時陣，不可選出像猪玀那樣的愚人。」這句話講出去了，蔣介石的特務們紛紛向老蔣打電報，說是楊廳長罵外省人是猪仔。蔣介石一聽，大大生氣，要把肇嘉免職，後由吳國楨向老蔣導歉說情，並叮嚀肇嘉嗣後不可亂罵，這事才平息下來。有人說楊肇嘉當廳長，只有這句話最值錢，其他都是替蔣政權魚肉台灣同胞而已。

黃天憐君是台北市長吳三連的親戚，爲人剛毅，他在名大醫科畢業後回台，起初在台北師範學院當教授，後來去新店開業。我曾經去過他的醫院探訪他一次。

黃君給我介紹一位吳振武君，吳君是畢業東京高師體育科，後來轉進陸戰隊受訓兩年，日本陸軍部派他去海南島服役。吳君的軍階是陸軍中尉，日本投降之後，他被升爲大尉，當時台灣人最高的軍官。海南島在戰時，有台胞的軍人、軍屬、軍夫等共約三萬人之多。在海南島的日本人下士官遇見吳中尉應該要先舉手敬禮才合乎軍紀，然而日人士官、士官長們看到吳中尉却不敬禮，於是吳中尉就把日本下士軍官叫來，左右巴掌打過去，這一打，吳中尉就出了大名，他竟敢打「天子天孫」的「皇軍」！

某天黃天憐君找到了我住的台北台灣銀行宿舍，告訴我吳振武中校（他在高雄左營被昇為國民黨政府的中校）將到台北，我們留學東高師的同學擬開一桌歡迎云云。我當然無異議，於是會面時，我提起他曾打日本下士官巴掌的事，並稱許這一掌真有歷史意義。

張先生叫我想到什麼就寫什麼，我這種寫法語無倫次，給讀者們極壞的印象，覺得真歉疚。

我再舉一個例子吧。有一個林益謙君，畢業於戰前東京第一高等學校，再進東京帝大法學部，又合格高等文官考試，乃派在總督府擔任金融課長，後又被派到爪哇島去擔任戰時監督官。

在台北的戰時配給品，台灣人與日本人有差別，林君乃大發脾氣，向日本當局「怒罵」差別待遇。這種勇敢的抗議，似也值得記錄下來。林君與吳君一樣為台胞揚眉吐氣，排除了殖民地人的劣等感意識，其意義很大。

我沒有做什麼貢獻，只是寫寫自己也寫寫別人，聊對自己也對歷史做一點交代而已。

我把最近的心情假託了一首蜘蛛詩，經過江守謙長老的修改，現在把它抄下來，做為回憶錄的小序詩。

楊逸舟自壽詩

甲子盛夏於東京

夏日昏昏憶幼事
蹉跎愧我白頭翁
東瀛卅載夢中過
鍾愛家鄉在眼中

——一九八四年十月三日發表於美國《台灣公論報》

第一章　胆小的童年

我在公學校三年級時，母親曾給我兩根香蕉當爲點心。這是母愛的表現，可是我不懂什麼是母愛。把兩根芎蕉放在桌子底下，三小時的功課都聽不進去，時時刻刻都想著兩枝芎蕉的事情。若萬一給老師發現，便是犯了校規，萬一給老師叱罵，一定很難爲情。等到放課後，大家打掃教室時，我便偷偷把芎蕉趕快丟在窗外，然後趕快跑出室外，把芎蕉拿走了，幸虧沒有被老師看見。

這位顏傳枝先生，是六年制的公學校畢業後，在台中市的臨時教員養成所訓練了四個月，就派來梧棲公學校担任二、三年級的代用教員，教過了兩年之後，可提昇爲準訓導。顏先生對音樂有特長，所以後來參加檢定考試，錄取了音樂單科甲種教員的資格。

這位顏先生担任代用教員的時陣，有次到了距離梧棲港約兩公里的南簡庄頭，參加「搖會仔」的例會，恰巧輪到我家當主，我怕得要死，趕快逃去後院的菜園裏。炎日當天，我凝視著紫色的茄子，約一小時半，等老師回去後，我才怯怯地回家去。這表示草地幼童的胆小如鼠。

小學四年級時，走過梧棲街頭約十公尺長的橋頭，便是漁寮。我們將到圳堤之前，有一位半瘋的村婦，因她的小孩患大病，倘喝了男孩的尿水可以活命云。他把我的褲子一拉下去，把小鳥拖出來，將茶碗放置在小睪丸下面，叫我放尿在碗中。我嚇了一跳，擠了好久，尿都放不出來。這位村婦說：「這個孩子不行呀！」她又趕快去拉我的同伴，叫他放尿。我偷偷轉頭看去，那同伴却放出白淨淨的尿水。

直到長大後，我在大學二年級時，去參加比加林英語教授（Prof. Pickcring）的托馬斯•哈底（Thomos Hardy）著作的演習。我不是英文科的學生，對于英文科專攻的學生有些劣等感。我讀了哈底的著作《Tess》，用英文寫了十張的概要，發表了約三十分鐘的解說與評論。我的臉都紅了起來。

比加林先生說：「你很害羞，you are so shy.」他是英國下院的議員，曾在東京一高担任過英語教師，後來又由文部省聘請來担任東京帝大英文科兼文理科大學的英文科教師。我雖然事先準備他要講解的英國文學史的那段話，可是半懂不懂。

戰時中聽著德國納粹女子的廣播新聞，也是半懂不懂。一九八一年去歐洲旅行，從維也那到巴黎的電車內，聽車內的播送話，也是半懂不懂。

我從漢堡坐汽車到維也納，是坐黃律師顧問開的車子，我正是揩他的油。後面坐兩位黃先生的姪女，在維也納就讀音樂學院鋼琴科。她們都很聰明且很照顧台胞，我說聽著德國話半懂不懂，她們也說聽教授講課也是半懂不懂，這話是她們謙遜吧！

想到此，好像把自己的女兒放在千里之遙，心裏有些難過，迄今都很想念她們和黃先生。我實在到處都去揩台胞的油，故這裏寫我的懺悔錄，向海外的台胞們道歉。

我又脫線不少，應該向編者和讀者賠不是。至于對歐美的台胞們也該懺悔，因爲給他們覺得「有朋自遠方來，不亦苦乎」。

台胞們呀！苦著你們嚮導我這個草地人，像牽著一隻盲牛，碰來碰去。

老而不死，即只能吃死米。台胞聽著楊逸舟這個名字，一定說：「他還活著嗎？該死，該死！」

——一九八四年十月十八日發表於美國《台灣公論報》

第二章 鎮魂曲

大正十二年（一九二三）即距今六十年前，我畢業於梧棲公學校。那年畢業生考進上級學校的有九人之多。第一名陳來旺考入中師，於第三年級時自動退學轉入東京成城高等學校第四年級，但他却去參加日本共產黨，任該黨台灣支部長，後來死在北海道。第二名是楊思敬，他考取台北高等學校尋常科。全台僅有兩三名能及格而已；可是他也到四年級時染了肺病而吐血，父親爲單生子之病而尋遍中西名藥，不幸有一朝，他在梧棲海岸的一所別墅療養時，爲了鍛鍊身體只輕輕跑了十幾公尺，就吐血死在海邊了。又有梧棲港南簡村的蔡裕寬同班生，在北師三年級時，患了盲腸炎，因過期而在台北病院開刀時不幸死掉了。那九名同學，現在似乎只存我一個了吧。

那年（大正十二年）台灣總督府準備在台灣實施義務教育，因此先著手創立師範學校，以養成公學校教員。第一名畢業生來旺考上台中師範。他在第三年級時，在洗衣室洗自己的襯衫褲之際，乃嘮嘮叨叨用台灣話講話，偏巧路過洗衣室的坂上舍監長聽著陳君講台灣話，就叫他去教官室，責罵他違反校規，並蠻橫地舉拳打陳君兩頰，且罰他坐在地板上，一小時後才釋放了他。

陳君非常憤慨，他回到了寢室後，就把自己的所有行李都捆好準備回家去，覺悟自動退學。担任級任的福原教師慌慌張張地去校門攔住他，勸慰他不要回家。無奈陳來旺是個驕養慣習的獨生子，且有外柔內剛的癖性，福原級任導師怎樣勸慰，他也不肯回頭。

回家後，來旺在梧棲街住一段期間，台中師範校長大岩榮吾很愛惜他的才能，所以親自出馬去梧棲街訪問他的家庭，力勸來旺復學，若要到內地留學也要等師範畢業後理性發達之後才去為妥云云。大岩校長的官階是高等四、五等吧，僅次於高等官二、三等的台中州知事。這樣屈尊來到陳君府上兩次，也都勸他不動。

陳來旺後來轉學考入東京成城高等學校四年級。舊制高校須要七年才能畢業。這所學校於戰後升為成城學園大學，現在校長為加藤一郎氏，他是東京大學法學部教授，而被聘來担任校長。年齡大約六十二歲前後吧。我在戰前東京高師及文理科大學畢業時，須要實習教學一學期，我被派往附屬中學教學三年級和四年級。三年級有一個學生叫加藤一郎，頭腦特別好。聽說他的父親是台灣總督府的民政長官，後來似乎改稱為總務長官。現在的加藤一郎校長，是否就是以前我教過的加藤一郎君，我不敢確定，也不想去問清楚。

總之，成城學園是一所名門學校，陳來旺君讀不到一年，就加入日本共產黨，旋被日本特高警察檢舉，送到北海道網走刑務所服役。特高警察勸他思想轉向，宣誓後可以釋放他。他却毅然答稱：「我認為日本帝國主義控制台灣殖民地，為不義之政策。倘若台灣解放而獲得平等地位，我才肯轉向。」

不久，陳君染了肺癆便死了。有人說是日本當局給他打了肺癆菌注射，但這種流言沒有什麼證據，所以不甚可靠。

梧棲港還有一位林添進，北師畢業，也曾加入台灣共產黨，可是後來他轉向了，所以回來故鄉而碌碌無事做，做爲高等游民而終其生。

陳來旺事跡，在日本的みすず書房有極詳細的記錄，容後再詳述。唯來旺君早已死矣，他在九泉之下的靈魂，不知作何感想？他死後，他家的六百石田地，給叔父佔去了，一軒賑盛的貨店也關閉了，不久，他父母也去世矣。

——一九八四年十二月六日發表於美國《台灣公論報》

第三章 後生可畏

我們台中師範的六年級生，即畢業前一年，一定要參加日本內地及朝鮮的修業旅行。所到之處不是去參拜神社，不然就是去參拜佛閣等名勝古蹟。旅行應該是人生一大樂事，可是因爲是團體行動，個人的自由一定犧牲不少，從而學生們返台時，各個面孔憔悴，又黑又瘦。甚至有人旅行中會患便秘症，這是最要不得的。

師範畢業後，我曾在龍泉公學校教書三年，那時和陳以專醫師認識，他勸我多吃蔬菜和水果。對于他的忠告，我一直遵守半世紀之久，所以迄今還活在人間世。

陳以專是一位名醫，他在戰前畢業台北醫專第一名，在台中縣龍井鄉開業。雖是寒村，但每天都要看七十多名外來患者，北方來自新竹，南方則來自嘉義，大名馳聞遠近。

他的大兄陳瑞南，也是醫師——外科醫。在大肚鄉開業。有一次，我的肩胛生著一顆遺傳性的粉瘤，以專勸我去給他大兄開刀，因此我就去找他。粉瘤的內面有如洋山芋那樣的東西，掏出來之後，還有一層膜，也要挖起來，否則不久又將生出來。挖那層膜之際，覺得鈍痛，不禁有要慘叫的那樣疼痛之感。

陳瑞南醫師有一個兒子，叫陳永福君，日本名叫竹田健一，目前在大阪府下開業，爲整形外科。他在龍泉公學校五、六年級時，我也教過他。後來他考進台中一中。這個中學大部分是台灣人子弟，日人僅有十幾人吧。陳永福君的性格比較溫和，以第一名畢業之後，考進滿州鐵路（簡稱「滿鐵」，從業人員約有四十萬人）的附設醫科大學。畢業後，在北京服務六年，又於上海的醫院服務六年，然後從上海赴歐洲丹麥取得了醫學博士。嗣後乃赴美國任職六年，旋又回日本關西，在距大阪一小時車程的長野市創立一所醫院。

永福君曾在書店看到了我著的《蔣介石評傳》，打電話到東京的出版公司共榮書房，詢問我的住址，於是相隔三十年的我們又互相連絡上了。

我幾年前曾去長野市的他的醫院看他。在二樓的房間住了兩夜。這個鄉村的自然風光很美麗，宛如仙境。

永福君的日本名字爲竹田健一，目前爲該地區的名醫，同時也是地方上的士紳，日本人都很敬重他。他全球走透透，學術兼東西，見解通古今。

日本有一句諺語「一期一會」，即是說人生的會晤是千載難逢的「奇遇」。回憶半世紀前的寂寥的寒村龍泉，如今無恙否？如果我今日回鄉，必先去跪拜父母的墳墓。大肚丘陵和清水沙鹿梧棲間的綠油油的稻田，到了秋天便是金黃一片。啊，多麼美麗的故鄉呀！幾次在夢中投入您的懷抱。

日本有一則《浦島太郎》的故事。浦島去海龍王的龍宮，享受一場富貴生活。宮殿富麗堂皇，也有美姬伺候他。然而一旦回鄉，發現自己的頭髮和長鬚都變白且長到了肚臍。

我的生涯恰與浦島相反，不是享受，而是流浪異邦，在日本窮愁潦倒。既下能衣錦還鄉，且故里親友多成故人。一朝回鄉，還有幾人認得我呢？

——一九八五年一月三日發表於美國《台灣公論報》

第四章 高等教員檢定考試前後

前章〈鎭魂曲〉中，我略述了陳來旺的遭遇，覺得意猶未盡，故本章擬先補充一點陳來旺事。

陳來旺堅持馬克思共產思想，爲求解放日本帝國殖民統治下的台灣同胞，他犧牲到底，不像其他被捕的台灣人，在威脅利誘之下就變節投降，這是他的人格偉大之處。

於一九三〇年前後，蔣政權下的共產黨員，一旦被抓即加拷問，灌水、挾鐵棍等酷刑無所不用，但他們一旦活命脫逃，仍依然回到舊巢去；而且他們一旦加入爲共產黨員，便目無父母兒女私情。這是當時的首都警察廳的莫叔未科長告訴我的。

陳來旺如何被日警拷問，詳情不得而知。據云他被押到北海的網走刑務所，被注射肺結核的細菌而患肺病死去。可是無確實證據。

關于陳來旺、林添進、林木順、林兌、楊景山（彰化街長一族）等資料，共約有一百頁左右，刊於《現代史資料月報》，由中村哲法政大學總長撰序，題爲〈台灣知識人的抵抗〉。這些故事，說來話長。假如有人需要，我可影印一部奉贈。

戰前日本的特高，對思想調查的記錄太詳盡了，一字一句都不疏忽，實在可怕。這也是警察國家的一例證。

陳來旺是獨生子，少年驕生慣養，一旦信仰了馬克斯的無產階級獨裁，便和中世紀的歐洲黑暗時代的基督教信仰一樣，不能容納他種信仰。別種的信仰被稱爲異敎(Heresy)，對一種異敎的裁判極爲殘忍。那種極端的不寬容，便是陳來旺的缺點。

我在中師四年級以後，便在學校附近另租一間民房，租金每月一圓五十錢，做爲我的秘密通信處。陳來旺的來信，却把我的論稿十張，原封退還給我。便是他的不寬容作風的例證。

梧棲港有一位林再來，也是留日學生。但讀了一年就做大甲帽生意了。他說陳來旺太驕傲，幹伊娘！有一次眞想把他打死呀！

陳來旺僅二十三歲就結束人生，而且獄死在異邦。他生前常從日本去上海開會，無產階級運動沒有國境，現在的名詞叫「跨國」，而且當年的抗日份子親中國是一種時代潮流，所以他去上海租界開會是極其自然的趨勢吧。

「虎死留皮，人死留名」，可是知道陳來旺的又有幾人？

法政大學的總長中村哲先生於年輕時就認識陳來旺等人。他在台灣共七年，當時也是一位左傾的日本青年，現在已年過七十，而來旺却英年早逝，眞有隔世之感。

來旺的雙親相繼過世後，六百石的田產也給其叔父接收，遂絕種矣。

話說我自中師畢業後，因成績不甚好，乃被派到龍泉公學校担任敎職，夜間自七時至九時要教補習班，然後才有自己的時間。我家因屬中下階級，沒有錢供我去東京留學，所以只好自修準備參加中等教員檢定考試。該校校長名叫道山一夫（大家都叫他爲匹夫）。此人黑心肝，夜間九時至十二時，就到我宿舍來談天，談東說西全是廢話，企圖干擾我的應考準備。我必須請他吸煙喝茶。我實在很討厭他，可是又不能形之於容。

我在台北參加的第一次預考被錄取了。第二次的決考須到東京應考。道山校長非常不高興。他赤裸裸地露出嫉妒心。雖然萬般阻碍我的應考準備，但我還是赴京參加而終被正式錄取了。

草地人首次赴東京，實在是草地宋。那時楊基先氏（戰後曾任台中市長），參加日本高檢十幾次，每次都落第。他帶我去咖啡屋吃茶，一下子就花掉六圓，草地人的我甚覺可惜。楊基先與女服務員打趣津津有味，我却枯燥無味。

我又在同一年之內順利考取了高等教員檢定考試，比中師教諭牛島先生應考十幾年才及格者，當然值得自豪。

是次高檢於一九三一年，日本文部省在官報上公布了十三本德文，三本英文，一本法文爲指定的參考書；至於西洋、印度、中國的思想史則不指定，由應考者自由選擇。其程度爲東京帝大畢業生的學力標準。我在官報上瞥見了那些外文，皆不懂；但年輕氣盛的我，未免太冒險愚直，鼓起勇氣就去台中市託莊世英君替我買那些參考書。莊君在台中州政府任職。

參考書的價款共二百八十圓，等於五個月的小學教員薪水。我一時籌不出來，由莊君代墊一部份。

一九三二年（昭和七年）我又去東京的文部省領取准考證。一共有二十五人應考。他們都是中學校長、高等女學校校長，或者師範學校的教諭。只有我一個人是小學教員。我的准考證是第五號。考試委員一共四位，東大桑木教授爲主考官，其他三位是京大田邊元教授，東大名譽教授服部宇之吉，及東北大學宇井伯壽教授。

第一天考試，將交卷時，我看到鄰座的師範教諭都是用德文寫的。我一刹那覺得天昏地暗，心想我一定沒希望了。費四小時而寫了二十張的答案卷，已疲憊至極。

我既然覺悟落第，當夜便睡了大覺，所以第二天的西洋思想史，我精神百倍，寫了很滿意的論文，即連參考書僅記述了四、五行的不重要學者的見解，我都能寫得出來。

最後一天的外國語，英譯日、日譯英，我都寫得不好。

可是兩天後，到文部省去看發榜，我的號碼竟然也公布在小黑板上，覺得很意外，不敢相信自己的眼睛。

口試當天，四位考官坐在一排，桑木和田邊教授問我關於德國的費特（Fifthe）及維因巴爾特（Vindervant）的思想，我對於後者弄錯了拼音。

心眼最壞的是服部宇之吉，他是兼貴族院勅選的議員，一眼塌陷，一脚跛腿。我回答朱子，他却矯正爲朱熹。朱熹的著作《近思錄》，王陽明的著作《聞思錄》，這些原著我都沒有工夫讀，服部徹底詳問，我一點也答不出來。關於這些，我實在是落屎馬到極點了。

坐在旁邊的佛教思想家宇井伯壽，看我沒有自信，便破顏大笑說：「你把三應錯認爲三寶（佛、法、僧）。你到現在還未發覺自己的錯誤呀!?」說罷，便沒再問我什麼，就放我走了。嗚呼，落第生！（順便一提，他的侄子宇井純現任東大助教，專門研究公害，得罪了大企業，所以當了萬年助教。）

此次考試既然覺悟落第，反覺得很輕鬆，只是二百八十圓的書款負債及來往旅費，共約五百圓，等於十個月的薪水，窮人的我，實在應該趕快成佛才好。

依照我的家境，又讀了百幾十本的社會思想著作，應該覺悟像阿Q被殺頭而起來「造反」才對。可是我稍胆怯不敢造反，靜悄悄地忍耐著。這就是殖民地生長的台灣人的悲哀。

過了旬日，東京的吳天賞君却打來一個電報，說我錄取了高檢。東京的文部省也公布我的及格。

昭和七年七月十一日，由文部省領給的教員許可證第一八九號，用掛號寄給我。當時我才二十二歲又十個月，且自修考取，大概是全日本最年輕的吧。其學力與東京帝大畢業生同等，所以我也自覺不凡哩。

台中有一家報社叫台灣新聞社。由於我的消息傳出，這報社立即去訪問台中師範校長大岩榮吾。大岩校長也引爲自傲，他說：「那一種高檢，也沒有『講義錄』那樣的詳細解說，竟然能考取，可謂偉大矣。」

年輕的莊世英君極爲不滿，他說：「那些傢伙把人家的名譽搶過來，以爲是中師的教育很有成就。眞是不要臉！」

學生們都稱大岩校長爲「大憨」(Toa-gam)，很像夏目漱石小說《少爺》中的綽號狐狸的校長，而他的性格的確狐狸，所以學生們都不喜歡他。

另一位教務長是大河原欣吾，後來榮任彰化高等女學校校長。大河原畢業於東京高師國漢科首席，嗣後再攻讀社會倫理科兩年。他爲人剛直，因爲老母年紀大，所以他拋棄功名利祿，而回東京奉養老母。

戰後，學生們懷念他，被昔日的學生們邀請遊台三個星期。盛況空前，令他終身難忘。

他的兒子大河原良雄，畢業東京帝大，外交官高考及格後，在外務省担任阿美利加局長和駐美大使。我在他的局長任內，去外務省看他，他聽說我是大河原先生的學生，立刻叫我上三樓，談及他父親被台灣學生大歡宴的事。

——一九八五年一月三日發表於美國《台灣公論報》

第五章　憶夭折的俊才翁鬧

翁鬧是台中師範第一屆畢業的高才生，名列全級第六名。翁姓是不多的，但是如莎翁（莎士比亞）、杜翁（杜爾斯泰）却是膾炙人口的芳名，所以翁鬧是很喜歡這個姓氏的。至於熱鬧的鬧字，他覺得太俗氣，不愛這個名字。

翁鬧的特長是會寫很通順的日文，且會作些詩詞。我現在都忘了他所寫的日文詩，只能記住一兩行如下：

春日麗らに輝く，
鳥は千代(ちと)と鳴く。

這兩行似乎是讚美四月二十九日的天長節的詩句吧？

翁鬧的缺點是看不起台灣女性，而對於日本女性却是盲目的崇拜。有一個日本女教員比普通的女子也都不美貌，但他却寫了好多詩詞去賞美她。完全是一種幻想的美吧。此事經過吳天賞（基督徒）和我給他說破了，他才如夢初醒。

翁的個性很倔強，他原來與我是合不來的。譬如在晚間七時至九時的自修室裏，學生們都應肅靜地自修，惟翁鬧却在時間內，奇克奇克地作響，攪亂人家的讀書。對於這種故意的搗鬼，我覺得極不愉快，可是沒有人敢去阻止他。

到六年級快要畢業的前一年（一九二八），因爲一個流氓體操教員小岩，亂罵台灣學生爲支那人、清國奴（Chiang Ko-ro）的當兒，我和翁才交談起來。

當時的師範畢業生，須要服務五年的義務教員。如果不服務，便要賠償總督府六年的補貼金，共七百二十圓。因此翁鬧畢業後，也乖乖去任教了。

有一次，禮拜六，他來到我教書的龍泉公學校來玩。正好有一位名醫陳以專先生來訪，翁鬧却躺在床上不起來，用白眼瞥了瞥，毫不理會陳醫師。

後來陳醫師對我說：「你那位朋友好像是狂人吧？」此言雖不甚恰當，但亦不遠矣。翁鬧如此一點都不在意人情世故。

以後，他單戀一個不值錢的日本女子，爲她落淚，性格變得更怪異。

有一次，他寫了一封情書給日本女教員，大家傳說她將告到郡督學，他便有點慌了。我便陪翁鬧去見中師校長大岩榮吾，以免萬一懲戒革職，實在是一件大事。此時，翁鬧在校長官舍的玄關，却很畏縮而謹愼的站立著。

岩校長對他說：「你寫情書的癖性，應該多多修改。」大岩並答應將去州廳教務課打聽打聽。後來證實所謂告狀一事，只是謠言罷了。眞是虛驚一場。

翁鬧遵照規定服滿了五年教員後，也渡航前來日本東京留學。起先在一所私立大學掛名，穿了私大的制服，對他倔強的自尊心，當然很不滿足。有一次他在銀座散步時候就說：「在銀座遊蕩的這些衆愚的頭腦集中起來，也不及我一個。」雖是說笑，也可窺見他的妄大。

翁鬧住東京高圓寺街，曾與一個四十六歲的日本婦人同居。當時翁鬧是二十八歲，與那婦人相差將近二十歲。那個日本婦人曾嫁給俄國人，後來離婚了，在高圓寺街頭擺麵攤，專供薪水階級吃宵夜。

吳天賞是一個基督徒，他在青山學院就讀英文科。我和吳天賞覺得翁會墮落，所以便去勸他與那個日本婦人分開。他也就淡然與她分離了。

後來，翁鬧去應考內閣印刷局的校對員，竟給他考上了。校對員的日本名稱是「校正係」，月薪爲九十五圓。當時東大畢業生的初任級爲七十圓，高考及格者的初任官月俸爲八十五圓，所以翁鬧的待遇實在太好了。

翁鬧考取了這樣好的職位，實在難能可貴，不知他的心情如何？因爲那時我已搬到了靠近大學的雜司谷區，後來又搬到了大塚窪町，愈來愈與他疏遠了。

翁鬧在職時，又寫了「情書」給陌生的日本女子。他自認爲自己的日文詩文可打動日本女子的心扉，可是自第二封信起，那女子就把他的情書原封不動地退回給他。翁鬧不死心，還繼續寫，那女子只好告訴她的父親。

翁鬧想和日本人希求平等，這種心理我們都能夠了解。可是如果站在日本人的立場而言，台灣是日本的殖民地，台灣人倘若乖乖地順從，當然沒話講，但是萬一要太出風頭，便會惹起痲煩。

那女子的父親索性就向印刷局長告狀，望他制止翁鬧的盲動。那位局長也不查問，就把翁鬧撤職了，從而，翁鬧便失去了高薪和愛情，眞是雙頭無一兜了。

翁鬧被撤職之後，很失志。且本來他就不努力，只想靠才取巧，所以無職之後，他就把書籍拿去當舖借錢過活。他有一部英國文學叢書，從來沒讀過，也拿去當掉了。後來，連衣服、被單都提去當掉。

冬天氣候奇冷，翁鬧睡在亂七八糟的報紙堆裏，就這樣凍死了。

二十八歲的青年，年當力壯，怎麼不肯勞動掙錢，而白白給餓死呢？對於這點，我不甚了然。他自稱是養子，對於親生的雙親一無所知，因此自暴自棄也說不定。

——一九八五年三月二十八日發表於美國《台灣公論報》

附錄二：本書記事年表

宋少璎 編

西元紀年	年齡	記事（▲為楊逸舟事）
一八九八年		○此年起五年間，台灣總督府共殺了台灣人一萬一千九百五十名。
一九〇九年	0	▲楊杏庭生於台中清水梧棲。
一九二〇年	11	○台灣受世界民主思潮影響，迎接短暫的民主化時期。
一九二三年	14	▲三月，畢業於梧棲公學校。四月，考入第一屆台中師範學校。
一九二七年	18	○四月十二日，蔣介石第一次政變，數年內殺害學生、教授、工人、農民共約七十萬人。
一九二八年	19	○三月十五日，日警大量檢舉日共黨員，是謂「三・一五事件」。 ▲秋，中師體育教員兼舍監小岩，辱罵台灣學生、釀成學潮。為主謀人之一。 ▲畢業旅行到日本及朝鮮。
一九二九年	20	▲三月，中師畢業，分發於龍泉公學校任教五年級。

年份	年齡	事蹟
一九三〇年	21	▲四月，赴台北參加文部省之中等教員檢定考試。第一次準試及格。 ▲六月，赴東京參加檢定考試之本試。及格。 ○秋，霧社事件爆發。
一九三一年	22	▲四月，赴台北參加修身科教員檢定考試。落榜。 ○九月十八日，滿洲事變發生。
一九三二年	23	○三月，滿洲國成立。 ▲四月，調職大甲公學校。 ▲五月，赴東京參加高等教員檢定。及格。 ▲六月一日，吳天賞自東京來賀電。台灣報紙喧騰。 ▲七月十一日，文部省高等教員許可證第一八九號證書寄到。爲日本全國最年輕之考取者。 ▲秋，台中州公民科教學觀摩會授課極爲成功，但論文發表被禁。 ○同學陳來旺病死於北海道獄中。
一九三四年	25	▲三月，辭職小學教員。四月，入東京高等師範教育研究科進修。從此苦學英文、德文、法文。
一九三五年	26	▲四月，入東京文理科大學一年級。大甲之上野齊醫師提供學費。 ○美濃部達吉教授因主張「天皇機關說」，被暴徒鎗擊於自宅、受傷。

一九三七年	28	○九月，東大矢內原忠雄教授發表〈國家與理想〉，指責日本軍閥侵略中國，被免職。 ○冬，同學翁鬧餓死於東京寓所。
一九三八年	29	▲學科畢業考試順利通過。發現歷史週期現象。 ▲高師附中教生，担任公民科、修身科的實習教學。學生反應良好。
一九三九年	30	▲三月，東京文理科大學哲學科畢業。失業。 ▲華中地區二十名中國人高中校長來東京視察教育。認識其中一校長。
一九四〇年	31	▲得中國留學生王維哲之資助，赴中國謀職。二月二十八日抵南京。 ▲三月，得識南京政府教育部長顧先生，受聘爲編審委員。 ▲四月一日，汪精衛成立南京維新政府。任教育部專員。 ▲冬，中央大學成立，兼任日文、德文教授。
一九四一年	32	○胞弟杏當辭職小學教員，定居日本，爲律師。 ▲兼任國立編譯館之編譯官。翻譯《理科年表》一書，並著作《文化教育學概論》，頗獲佳評。
一九四二年	33	▲三月，任浙江省政府主席傅式說秘書。

年代	年齡	事蹟
一九四五年	36	▲浙江大學復校，轉任該校秘書兼心理學教授，並兼任浙江省財政廳與糧食局秘書。 ○八月十五日，日本宣布投降。 ○九月，蔣介石任馬超俊為上海市長，旋又換任吳國楨。
一九四六年	37	▲國民黨整肅漢奸期間，失業在家，專心撰述《歷史週期法則論》，寫一千二百張中文稿。 ○六月六日，廉吏陳公博被處死於蘇州。 ○七月，美國馬歇爾元帥調停失敗，國共內戰開始。 ▲任南京市教育局督學，輔導復員學生。
一九四七年	38	○二月二十七日，台北專賣局警察取締寡婦賣香煙，民衆不平，警察射殺一青年。 ○二月二十八日，台北市民二千多人示威長官公署，要求公平處理警察殺人事件，陳儀下令開鎗射殺群衆，「二二八民變」爆發。 ○三月一日，市民代表成立「二二八處理委員會」，提出三十二條改革要求。 ○旅居上海台胞決議彈劾陳儀。

		○三月八日，國民黨援軍一萬人登陸基隆，開始全島大屠殺。兩週之內，共殺台灣人三萬人以上。 ○六月，傅式說前浙江省主席被槍決於上海刑場。 ▲任職內政部委員，奉命撰述《台灣之今昔》。 ▲八月，奉內政部長張厲生之命，返台視察，暗中調查民情及台灣省主席魏道明貪污眞相。 ▲九月，回南京呈台灣視察報告書。行政院長張群據此報告，飭令全國檢肅貪污。
一九四八年	39	○四月，蔣介石當選第一屆總統。 ○十月，上海市長吳國楨與宋美齡勾結走私，蔣經國揭發，母子衝突。 ○十一月，東北精銳部隊投降中共。 ▲十一月二十日，向內政部請假兩個月，舉家遷上海，爲難民。 ○十二月，徐州大會戰，國民黨敗北，一蹶不起。 ▲十二月八日，舉家乘中興輪抵基隆。
一九四九年	40	○一月十五日，魏道明被黜，陳誠任台灣省主席。 ○一月二十二日，蔣介石引咎下野，李宗仁代理總統。 ▲財政廳長嚴家淦推荐，任台灣銀行特約研究員。

一九五〇年	41

▲杭立武部長聘爲教育部特約編審。

○四月，監察院決議追回蔣介石運往台灣之金塊，蔣歸還一小部分。

○U教授辭去東京文理科大學校長，任私立大學教授。

○十月一日，北京宣布成立中華人民共和國。

○十月十四日，人民解放軍佔領廣州，直逼海南島，蔣介石將薛岳部隊撤往台灣。

○一月，中共開始用台語對台廣播，準備「解放」台灣。

▲於教育部內講授台語課程。

○二月二十八日，旅日台灣人成立「台灣民主獨立黨」，廖文毅任黨主席，藍國城任副主席，吳醫師任宣傳部長。

○三月一日，蔣介石復位總統，定台北爲臨時首都。李宗仁代總統携印璽逃亡美國，自稱正統總統。

○四月，中共不流血佔領海南島。

○六月二十五日，朝鮮戰爭爆發。二十七日，杜魯門總統下令第七艦隊防衛台灣，救國民黨之一命。

○十一月十八日，陳儀以「通匪叛國」罪名，被鎗決於台北碧潭。

○此年，台灣特務約十萬人，白色恐怖，大量肅清反蔣份子。

年份	年齡	事蹟
		▲為台中縣長助選活動中途，參加美國務院非公開招考留學生，被排擠。
一九五一年	42	▲參加福爾布萊特基金留學考試，初試第二名，但被拒參加複試。
一九五二年	43	▲再度參加公費留美考試。落榜，留美斷念，日日飲酒。
一九五三年	44	▲十二月八日，以探親名義，隻身赴日。著手翻譯《歷史週期法則論》成日文。
		▲日本法院判決「非法居留」。
一九五四年	45	▲春，為自費出版《歷史週期法則論》，入東京文理科大學研究科博士班，專攻中國哲學、中國史學。小竹文夫為指導教授。
		▲秋，參加「亞細亞懇談會」，認識廖文毅，加入台獨組織，易名「楊逸民」，為秘密黨員。
		○十二月，吳醫師當選「台灣民主獨立黨」主席。
一九五五年	46	○春，吳醫師主席清黨之際，反對派另組「民政黨」，是謂「伊東事件」。
		▲九月一日，廖文毅成立「台灣臨時議會」。任中央委員兼宣傳部長。
一九五六年	47	○二月二十八日，「台灣臨時政府」成立於東京，廖文毅僭稱大總統。
		▲同日下午，於澁谷站散發新聞號外，被警察逮捕。
一九五七年	48	▲三月三日，謀職國際基督大學，小竹文夫教授寫推荐書。謀職未成。

年	歲	事項
		▲夏，廖文毅著（楊代筆）《台灣民本主義》出版。 ▲十一月二十四日，小竹文夫拒絕寫序。
一九六〇年	51	▲一月五日，提出博士論文審查申請，指導教授小竹文夫推諉審查。 ○五月，日本全國大學生反對「美日安全保障條約」，爆發「安保鬬爭」。都立大學竹內好教授辭職抗議政府。
一九六一年	52	▲脫離「台灣民主獨立黨」。 ▲三月十日，半生心血之著《歷史週期法則論》出版。 ○三月三十一日，舊學制博士論文審查申請截止。 ▲五月二日，東京文理科大學校長通知無法審查博士論文。舊學制博士授與法廢止。博士學位落空，決意控告小竹文夫。 ▲六月十八日，週期圖表補印完成，連同《歷史週期法則論》以卡車運到。即刻寄發國內外學者及學術機關，共二百多冊。同時散發控訴小竹文夫之小冊。 ▲同月，各界對楊之著作及控訴反應不一。 ▲七月三日，美國駐日大使賴謝和來信答謝並肯定《歷史週期法則論》之價值。
一九六二年	53	○小竹文夫教授因癌病死亡。
一九六三年	54	○吳醫師與廖文毅決裂。

一九六五年	56	○廖文毅投降國民黨。台獨運動主導權歸「台灣青年」社。
一九六七年	58	○二月，《楊肇嘉回憶錄》出版於台北。
一九六八年	59	○二月，東京法政大學留學生陳玉璽被遣送返台。 ○三月二十七日，柳文卿被強制遣送，台灣青年獨立聯盟員機場搶救，柳君咬舌抗議。
一九七〇年	61	▲十二月十二日，《受難者》完稿。
一九七九年	70	▲二月二十日《太平洋戰爭前夜》出版。 ▲四月十五，《台灣與蔣介石——以二二八民變爲中心》出版。 ▲七月十六日，譯書《選舉暴動——台灣中壢事件的內幕》出版。
一九八〇年	71	▲十一月十五日，譯書《印緬隨軍記》出版。
一九八一年	72	▲夏，參加「世界台灣同鄉會」，赴歐洲旅行。
一九八三年	74	▲二月十五日，《蔣介石評傳》上下卷出版。
一九八四年	75	▲春，邀張良澤等鄉晚輩聚餐。 ▲十月三日，〈不堪回首話生平〉開始連載於美國《台灣公論報》之「台灣文化專刊」。 ▲十一月九日，往筑波大學訪張良澤。
一九八五年	76	▲七月十二日，張良澤偕廖雪美訪楊宅。

一九八七年	78	▲三月中旬，因咳嗽不止，住院於東京都立松澤病院。 ▲六月四日12時30分，病逝於松澤病院。 ▲六月五日，於松澤病院火化，遺骨由其侄兒攜回台灣故鄉。
一九八九年	死後二年	○九月一日，張良澤藏書館落成。
一九九〇年	死後三年	▲六月四日，逝世三週年忌，《受難者》譯稿完成。「楊逸舟文庫」成立。

復刻版《受難者》後記

黃一城

讓楊杏庭（逸舟）先生自己說話。很重要！

《受難者》是其遺稿，也是他的荊棘之道。感謝張良澤先生替他整理出版，否則恐怕很少人知道楊逸舟先生。

讀此書讓人認識人與人性；細讀此書可進一步了解吾土在當時列強環伺下的艱困處境。

此外，我希望復刻此書的用意如下：

1.〈歷史周期法則論〉有觀察、有論述、有表格、有出版。這是他畢生專注的歷史哲學與精華，希望有人可用淺顯易懂的白話文讓每個人都了解他的學術造詣。

2.美國史丹福大學（Standford university）胡佛圖書館珍藏有「楊杏庭」所寫的四十張原稿，是用台灣銀行專用紙寫的〈台灣青年白皮書〉。該圖書館是用厚卷宗精裝典藏於珍藏庫。外人珍視文化（財）的眼力是與其國力相稱的。文化（力）有多強，國力就有多強。

3.日文原著《台灣民本主義》主要執筆者楊先生（有原稿）的稿費廉價到令人鼻酸。

4.月是故鄉圓，水是故鄉甜，窩是家裡好。幸而楊先生的身後回歸故鄉台中。

以上幾點與同好分享。很高興得知楊先生在台仍有親屬，楊智能先生分享他二叔公的一些點滴，彌足珍貴。希望《受難者》的復刻可鼓勵更多文本出現並有適當的詮釋，而這詮釋是經得起時間與文本相互的驗證，而非淪爲各說各話的窘境。

期待後起之秀可站在楊先生的肩膀上，用智慧尋求利己並利及衆人幸福之路。

台灣
經典寶庫
Classic Taiwan

番俗六考

十八世紀清帝國的臺灣原住民調查紀錄

文白對照 註解版

黃叔璥——原著
宋澤萊——白話翻譯
詹素娟——導讀註解

臺灣文學史上古典散文經典「雙璧」之一
臺灣原住民史研究最關鍵歷史文獻
文白對照、歷史解密，再現臺灣原住民的生活風俗

清領時期，首任「巡臺御史」黃叔璥將其蒐羅之臺灣相關文獻，以及抵臺後考察各地風土民情之調查報告與訪視見聞寫成《臺海使槎錄》。其中〈番俗六考〉對當時的原住民，尤其是平埔族群的各方面皆有詳盡的描述與記載，至今仍是相關研究與考證的重要可信文獻。

本書擷取〈番俗六考〉與〈番俗雜記〉獨立成書，由國家文藝獎得主宋澤萊，以及中央研究院臺灣史研究所副研究員詹素娟攜手合作，以淺顯易懂的白話文逐句翻譯校註、文白對照；另附詳盡導讀解說與附錄。透過文學與史學的對話，重新理解這一部臺灣重要的古典散文與歷史典籍。

國藝會 NCAF

前衛出版 AVANGUARD

書由巴克禮牧師《為基督贏得福爾摩》（*Formosa for Christ*, 1935）及 伊莎白牧師娘《從台灣遙寄給男孩女孩書信》（*Letters from Far Formosa to vs and Girls*, 1910）兩書合譯而成。

為基督贏得福爾摩沙》一書，為巴牧為關心海外宣教的英國長老教會青年寫，他在書中回顧台灣教會從草創到勃的發展歷程，並介紹當時台灣社會在日本教育下成長的新興世代的整體貌。巴牧師的牽手伊莉莎白牧師娘，在生命晚期為英國少年寫了《從台灣寄給男孩女孩的書信》。她以溫柔幽默文字，為讀者勾勒出早期台灣人的鮮形象。

克禮牧師夫婦以其虔誠的信仰，數十如一日的服事，成就了為台灣奉獻一的典範身影，其著作早已超越宗教界，不僅是他們鍾愛台灣的最佳見證，是台灣人要共同珍惜的精神資產。

巴克禮牧師夫婦文集

福爾摩沙的呼召

REV. THOMAS BARCLAY 巴克禮牧師
ELISABETH A. TURNER 伊莉莎白牧師娘 原著

張洵宜／漢譯 阮宗興／校註

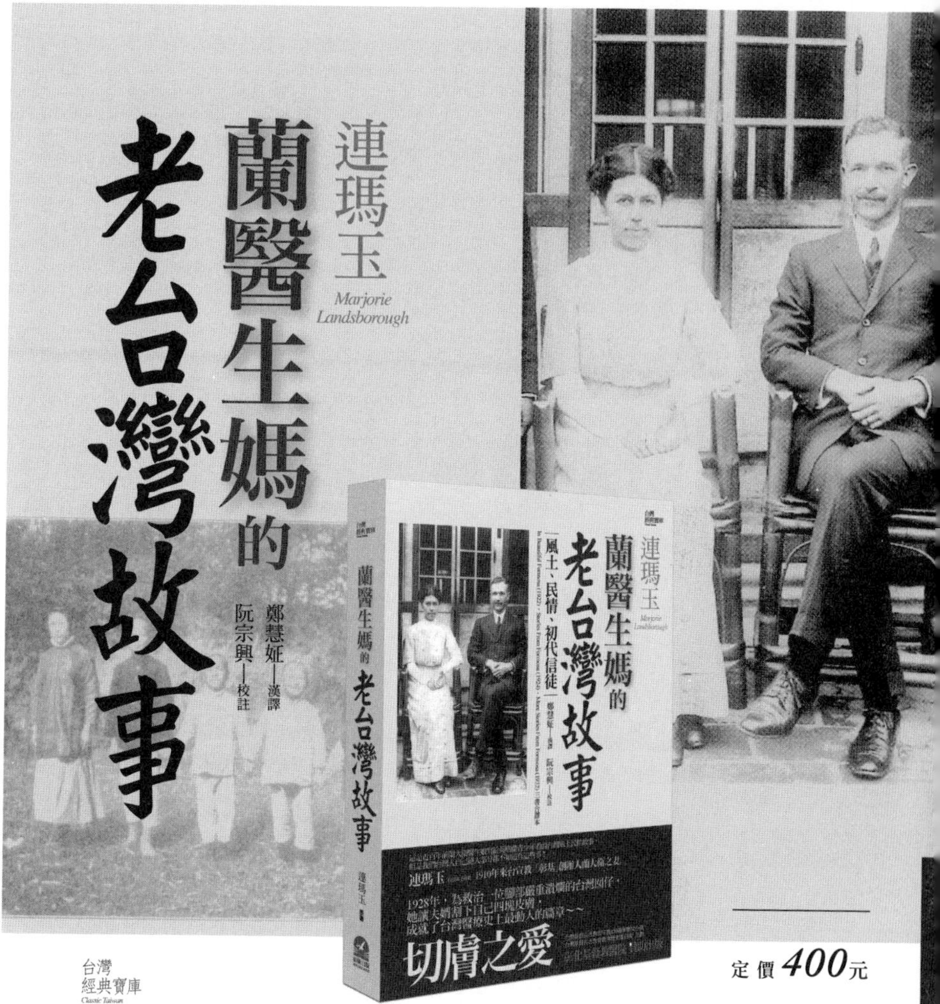

◎本書英文原稿於1878年即已完成，卻一直被封存在密西根大學的博物館，直到最近，才被密大教授和中研院院士李壬癸挖掘出來。本書是首度問世的漢譯本，特請李壬癸院士親自校註，並搜羅近百張反映當時台灣狀況的珍貴相片及版畫，具有相當高的可讀性。

◎1873年，Steere親身踏查台灣，走訪各地平埔族、福佬人、客家人及部分高山族，以生動趣味的筆調，記述19世紀下半的台灣原貌，及史上西洋人在台灣的探險紀事，為後世留下這部不朽的珍貴經典。

國家圖書館出版品預行編目 (CIP) 資料

受難者 / 楊逸舟原著 ; 張良澤翻譯 . -- 二版 . -- 臺北市 : 前衛出版社 , 2023.09
192 面 ; 15×21 公分
ISBN 978-626-7325-42-1(平裝)

1.CST: 楊逸舟 2.CST: 自傳

783.3886 112014420

受難者（復刻版）

作　　者　楊逸舟
譯　　者　張良澤
責任編輯　番仔火
封面設計　大觀視覺顧問股份有限公司
美術編輯　宸遠彩藝

出 版 者　前衛出版社
地址：104056 台北市中山區農安街 153 號 4 樓之 3
電話：02-25865708 ｜傳眞：02-25863758
郵撥帳號：05625551
購書・業務信箱：a4791@ms15.hinet.net
投稿・代理信箱 :avanguardbook@gmail.com
官方網站：http://www.avanguard.com.tw
出版總監　林文欽
法律顧問　陽光百合律師事務所
總 經 銷　紅螞蟻圖書有限公司
地址：114066 台北市內湖區舊宗路二段 121 巷 19 號
電話：02-27953656 ｜傳眞：02-27954100

出版日期　1990 年 12 月初版一刷｜ 2023 年 9 月二版一刷
定　　價　300 元

Printed in Taiwan　ISBN 978-626-7325-42-1